云南百位历史名人传记丛书

中共云南省委宣传部◎编

云南出版集团
云南人民出版社

图书在版编目（CIP）数据

抗日忠烈——王甲本 / 敖惠琼著. -- 昆明 : 云南人民出版社, 2015.12

（云南百位历史名人传记丛书）

ISBN 978-7-222-11528-6

Ⅰ. ①抗… Ⅱ. ①敖… Ⅲ. ①王甲本（1901～1944）-传记 Ⅳ. ①K825.2

中国版本图书馆CIP数据核字(2013)第301941号

出 品 人：李　维
**　　　　　刘大伟**
责任编辑：肖　薇
**　　　　　范　可**
装帧设计：马　滨
责任校对：林　劲
责任印制：马文杰

书名　**抗日忠烈——王甲本**
作者　敖慧琼　著
出版　云南出版集团　云南人民出版社
发行　云南人民出版社
社址　昆明市环城西路609号
邮编　650034
网址　http: //ynpress.yunshow.com
E-mail　ynrms@sina.com
开本　889mm×1194mm　1/32
印张　6.25
字数　200千
版次　2015年12月第1版第1次印刷
印刷　昆明卓林包装印刷有限公司
书号　ISBN 978-7-222-11528-6
定价　24.00元

如有图书质量及相关问题请与我社联系
审校部电话0871-64164626　印制科电话0871-64191534

云南百位历史名人传记丛书

编委会名单

总　序

丛书编委会

历史长河浩浩荡荡！中华文明自滥觞至汇聚千流，涵纳万水，奔腾迭起，云蒸霞蔚，延五千年之长史，至今生机勃然，是迄今世界上唯一保持完整且衍传有序、光耀于人类的伟大文明。

习近平总书记指出：一个国家、一个民族的强盛，总是以文化兴盛为支撑的。中华民族是具有非凡创造力的民族，我们创造了伟大的中华文明，实现中华民族伟大复兴的中国梦，必须弘扬中国精神。以爱国主义为核心的民族精神，以改革创新为核心的时代精神，是兴国之魂，强国之魂。

云南，是祖国西南神奇、美丽、富饶的宝地，是中华文明中极具特质和创造潜力的丰美之乡。云南少数民族文化是中华民族文化的重要瑰宝。长期以来，云南大地上，各民族和睦与共，相濡相生，共同创造了色彩瑰丽、形态多元、底蕴厚重、影响深远的历史文化，为我们留下了珍贵的精神遗产。人，是历史的镜子，是历史最生动的环节，人民是历史的主人和创造主体。在人类历史的进程中，一个个不同时期的代表人物产生过一些不同的影响。“云南百位历史名人传记丛书”就是这样一丛历史的记录，一百位历史名人，虽未必尽能概全，各位历史人物的代表性也不尽相同，但都是“追梦人”，是振兴民族伟大理想的传薪人、探索者和实践家。

在这些代表人物中，无论是拓土开疆的将帅勇者，还是蹈海酬志的大国使节；无论是志于传播文明的鸿儒巨擘、先哲贤士，还是为民族独立解放而高歌猛进、慷慨捐躯的群雄英杰，都贯注了这一重要精神。正是以他们为代表的云南各族人民创造并抒写了可歌可泣的英雄史章，熔铸了坚韧不拔、奋为人先、包容博大、敢于担当的精神品质，才使云南在中华文明的长史中闪耀着特有的光辉。尤在近代中国，在辛亥护国风云中，在反对外辱保卫祖国边疆维护民族尊严、抗击日本法西斯侵略中，云南站在历史前台，以中华群雄的不屈身影演出了一幕幕豪迈悲壮的历史大戏，也更涌现了一批足以彪炳史册、光照后人的杰出人物。这一切，给予中国历史进程深远的影响。

今天，实现中华民族伟大复兴之梦，谱写富民强滇中国梦的云南篇章，需要以中华文化发展繁荣为重要条件，这就需要接续这一光荣而伟大的精神传统，在继承中创新，在创新中发展，在发展中超越。云南正处于一个新的历史起点上，需要大力挖掘历史文化资源，聚合更强大的精神动力，为推动我省科学发展、和谐发展、跨越发展凝心聚力。为此，我们组织省内外专家学者编写出版了“云南百位历史名人传记丛书”。这对加强我省各族人民，尤其是青年一代对历史的了解、认同，爱国爱乡爱民并甘于奉献，对提升优秀精神品质，形成团结奋斗的共同的思想基础，坚定推进富民强滇的信心和决心，显然有着重要的现实意义和切实的助力。

一百位历史人物，所处历史时期并不相同，其历史作用也有差异，甚至就个人的全面历史评断方面也难以等量趋同。但我们以为这些留存史迹的人物，所以传扬至今，为后世崇奉，均有他们共同的历史向度和价值取向，我们学习这些历史人物，至少应当着重于以下几个大的方面，即：“守大德、重大义、集大成、有大度、达大观”。

守大德，即恪守道德规范。“德者，本也。”（《礼记·大学》）“大德”既是国家民族的根本利益所在，也是中国文化中最核心的价值理念及标准。古语“行德则兴，背德则崩”，不仅是资政经验，也是个人修习完善的根基。所谓“厚德载物”，直观的理解，就是如果德行浅薄，是不能兴物成事，更不能造就伟大功业的。云南历史文化名人，大多以德立身，大节不移，并对此恪守坚定，一以贯之；始终保持正确信念和理想，并为之奋斗到底。这是我们首先要学习尊崇的。

重大义，即以国家民族利益的需要为个人行为取舍的标准。有大义，才有大爱。这些先贤无不爱云南爱乡土，以兴业乡梓、造福一方为己任。尤在国家民族命运攸关、生死存亡的关头，这些令人崇敬的先辈，大义擎天，逢难不避，敢于担当，责无旁贷，勇往直前，不惧牺牲。一个心存天下大公的人总会在不经意的一瞬决定大义的选择，这是社会进步的希望所在，更何况实现中华复兴的伟大梦想，还有很多异常艰危的事业在等待我们去克难攻坚。所以，举凡大义、为民为国、全身而进的精神是我们应当效法崇尚的。

集大成，“知类通达，强立而不反，谓之大成”。这些历史人物留下的足迹，予人深刻启迪。他们无论是出将入相，还是布衣一袭，均勤学不辍，求索不止，在追求真理和知识的道路上刻苦务实，义无反顾，永无终期，故能成大器，胜大任，不辱使命。今天，世界进入知识信息时代，软硬实力决定一个国家能否赢得发展机遇，乃至自立于强国之列的地位。其紧迫性不亚于先辈梦想中国富强的百年期许。但今天所谓“集大成”，是更高更大更具有生存挑战性和发展战略性的，是集世界之“大成”，集政治经济、科技文化、制度建设、社会发展等一切领域“总成”，玉成中国梦的空前伟大的事业。所以，先人刻苦自律、博学精进的学习精神我们应当秉持继承。

有大度，即要有开放包容的胸怀。云南历史文化名人的一个共通品质，也是一个显著特点就是，即使身处僻远，总能破除狭隘与陋见，以宏大度量，兼容并包，接纳先进，吸收优异，团结一切可以团结的力量，聚合一切可以聚合的资源，总成一股创造历史的宏大动力，来完成伟大的事业。哪怕是割股舍己，也在所不惜。今天，云南要实现跨越式发展，保持开放包容的胸怀尤其重要。所以，先辈“天下云南”的大度我们应当弘扬光大。

达大观，即要眼观天下，达察全局，与时俱进，审时知变，敢为人先。推动云南社会历史进步的代表人物，无不目光远大，胸怀全局，对世界潮流、时代嬗变，都能审视洞悉，并欣然顺应规律，故能在历史转折的关键时刻做出正确选择，成就改天换地的一番伟业。古语有“小智自私”、“达人大观”，是将为个人谋私的小智谋与担当天下兴亡的大智慧尖锐对比而言的。否则，“其兴也勃焉，其亡也忽焉”。一个为民为国而应用心智的人，必然有达观天下的心怀，也由此激发潜能、超迈寻常，而使人生境界也更加美好而宏丽。遍观世界文明史，许多影响人类进步的伟大创新，正是以此为动力和起点的。今天，中国经济社会的快速发展，国家的日益强大，正为实现中华民族伟大复兴的中国梦开拓了无限广阔的道路，也为个人实现自身价值创造着更加富实的前景。所以，先辈们达观天下的精神我们应当引为楷模。

我们对志向高远、仰观天下、俯察民情、甘为路石、慨当以慷、求真务实的历史名人，心存景仰，并愿与千千万万的读者，尤其是青年朋友一道学习弘扬。

组织编撰“云南百位历史名人传记丛书”是一项重要的文化工程，编撰出版人员都做出了艰苦的努力，但由于众手修书，书稿层次不一，成书体例难以做到完全一致，对存在的不足敬请读者批评指正，我们将虚心接受，并在修订再版时一并吸纳修改完善。

王甲本将军

王甲本将军

目录//MULU

目录//MULU

·云南百位历史名人传记丛书·

抗日忠烈——王甲本 WANG JIABEN

目录//MULU

目录//MULU

将军肉搏中阵亡

一场血战，在夜幕里，不可避免地发生了。

这一天，是 1944 年 9 月 7 日。

湖南东安县山口铺，国军第 79 军军长王甲本和他的卫队与上千日军不幸遭遇。

夜幕里，枪声大作，打破了夜晚的宁静。

一场血战，在夜幕里，不可避免地发生了。

这一天，是 1944 年 9 月 7 日。

湖南东安县山口铺，国军第 79 军军长王甲本和他的卫队与上千日军不幸遭遇。

夜幕里，枪声大作，打破了夜晚的宁静。

军长王甲本沉着地依地势指挥手枪排还击。

日军密集的子弹向王甲本和他的手枪排袭来。

子弹洞穿了王甲本的身体，他健壮魁梧的身体晃了晃，殷红的血，顺着他的身体汩汩流淌。

正在与敌人搏斗的副官吴镇科看到军长中弹，一刀刺穿了一个日本兵后冲过来，大声对着正与日军士兵拼刺刀的几个参谋喊道："罗参谋，你们掩护，我背军长走！"

罗参谋挡住了围上来的一群日军，用身体护卫着军长。

副官吴镇科背起受伤的军长。

鲜红的血，从王甲本的腿上、身上流出来，染红了年轻副官吴镇科的身体。

王甲本喊："镇科，快把我放下！"

吴镇科坚持着："不，军长。"

走出没多远，枪声越来越近，越来越激烈。他们被日军团团围住。

王甲本挣扎着说："快把我放下来！"

玉琪亭就在眼前，吴副官把军长放在亭子里，从亭子旁边一个死去的日军士兵手中抓过一支枪，对着围上来的日军士兵猛射。

一个日军士兵倒下，又一个日军士兵倒下，更多的日军士兵蜂拥而上。嘴里发出哇啦哇啦的喊叫。

王甲本赤手搏斗着，抢夺着日军士兵手中的刺刀。

王甲本端着从日军手中夺过的刺刀刺向蜂拥而来的鬼子兵。

又一个日军士兵倒下了，一群日军士兵倒下了。

王甲本已经浑身是血，他的手已经血肉模糊。

一群日军士兵明晃晃的刺刀一齐刺向王甲本。

王甲本摇晃着，倒在了亭柱旁。

当枪声沉寂下来，天色渐渐明亮，附近的村民看到的是一幕惨不忍睹的场景：

一块空旷的泥地里，横七竖八躺着上百具形状各异的中国军人和日本军人的尸体。只有几十个中国军人的遗体，更多的是日本士兵的，有的扑倒在地，有的身躯蜷曲着，有的手中还握着枪。

不远处，一个古旧的八角亭，亭子的四周是一堆纠结着死在一起的军人的遗体，亭柱上靠着军长王甲本。他的脸上被刺刀划开，鲜血顺着他的脸颊流淌到脖颈，胸前一片血肉模糊，他的手上耷拉着已被刺刀剜开的肉，上面是凝固了的血。他的面前是大片日军士兵的尸体，那是被他刺死的日军士兵。他的胸部和腹部中了几枪，还有刀伤。

在离他不远处，一个斜躺着的中国士兵，年轻稚气的脸，胸口处被刺刀深深刺穿，汩汩地往外淌着血，全身已血肉模糊。他就是吴镇科副官。在他的旁边，躺着罗参谋，是一位戴眼镜的中国军人，年轻英俊的脸庞，断了镜架的眼镜在脸上歪斜地耷拉着，碎裂的镜片掉落在他的胸前，破碎的镜片上渗着点点血迹。旁边还有二十几个中国军人的遗体，他们的身上可见有多处刀伤，那是被刺刀挑开的伤口。

雨水击打在遗体上，血水顺着被刺刀捅破、被枪弹击中的身体流淌到地上，鲜红的一片。

远处，有几个满身泥污奔跑而来的国民党军队士兵，其中有上尉副官李占庭。

李占庭脸上是惊愕而又悲伤的神情。

站在遇难将军面前的上尉副官李占庭，泪水和着雨水流淌在脸上……

大地死一般寂静。

只有雨水击打在地面和身体上的沙沙声。

一座新坟，军长王甲本和副官吴镇科的墓。

坟前放着两块石头，两块普通的石头，两块临时的墓碑。

列队肃立的中国军人站在雨里，雨水打湿了他们的军装。

军人依然肃立。湿透了的军装紧紧地裹在他们身上。

沙沙的雨声和着风声，像人的哭泣和呜咽。

军人的脸上满是悲伤，泪水和着雨水在流淌。

队列中缓缓走出一位军人，李占庭，瘦削的身躯，年轻的脸。一步一步向前移动的脚步，缓慢而又沉重，他的脚步的移动牵动着这群军人的目光，军人的目光随着他的身体在移动。

李占庭缓缓移向墓前，地上的泥水在人们的视线中散开。他沉沉地跪下，跪在了泥水里，溅起的泥水四散飞溅。

他伸出的手，在空中停顿了，犹豫而迟疑，随后，他的手轻轻地落在坟前裸露的两块石头上抚摸着，是那么轻柔，是那么地疼爱，像是生怕弄疼了石头一般。他的手轻轻拂过，缓缓地垂下，极度痛苦而扭曲的脸，连同他垂下的头。

突然他仰天长啸：

“一个也不许死！”

他的脸因为痛苦而扭曲。

年轻军人声嘶力竭的声音在旷野里久久回响……

泪流满面的士兵满含哀伤地再一次大声喊：“军长，你说的，一个也不许死！”

泪水和着雨水在士兵们的脸颊慢慢往下落。

副官李占庭脸上显出极度痛苦的表情，他扑倒在地。

他含泪朝向另一个方向，深深地跪叩，脸上显出庄严的神情。

李占庭满含深情的声音：“母亲，儿子不孝，不能回家侍候您，我要留下来陪伴我的军长。”

王甲本军长的形象在他的泪眼中渐渐模糊……

军人世家走出的青年才俊

王国栋一路小跑赶去城郊请先生。

先生问了时辰、问了父母的生辰八字，又细心地掐算推敲了一番之后，高兴地告诉王国栋："这孩子出生之时，雨过天晴，天现彩虹，今后定为大贵之人，但这孩子命硬，命中相克。"

他的出生带着几分神秘色彩

清光绪二十七年（1901）八月，王甲本出生在小城平彝（今富源县）。

平彝县城，四面环山，三面临水。县城坐落在峦岗、白马、定南山之间的鸣凤山上，东门河、西门河由北向南，潺潺流过，汇入城南小黄河，注入块择河，城西南角有罗蒙山，山上，是元朝罗山县旧址。

罗蒙山顶立有一石碑，碑上刻有诗文：

四面之上环抱负，
满城烟景荡胸怀。
南面一弯文曲水，
四周九架贵人山。

简洁的诗文，勾勒出罗山县旧有的秀丽美景。

元朝以前，平彝境内的主要居民为彝族，人口不足一万。据《元史》记载：元世祖忽必烈于12世纪初攻陷云南大理后，大量信奉伊斯兰教的士兵、汉族商人和被迫东迁的中亚细亚人、波斯人进入云南，部分人迁至平彝居住。明洪武十四年（1381），明军傅友德、沐英部进入云南，大量江苏、湖南的汉将、商人及家属迁入平彝。元末，居住于洞庭湖流域一带的苗族向西南贵州迁移，部分留在了平彝定居。

境内山势绵延，河流纵横，乌蒙山支脉自北向南，纵贯全境，形成北高南低之势。东北部有老黑山，西部有云盘山，南部有十八连山，三足鼎立。块择河、黄泥河、丕德河南向汇合流入南盘江，北部的嘉河流入北盘江。

平彝不仅雄关漫道，而且地理位置特殊，这里山清水秀，人杰地灵，物产丰富，盛产煤炭和黄金。

特殊的地理特点使平彝成为一块物华天宝的风水宝地，由此诞生了无数远近闻名的文官武将。

如“治绩卓著”的张璁、为官清廉的孙士寅。县官孙士寅为官六年，清正廉明，卸任时身无分文，变卖心爱古琴作为回程路费，百姓自发为他敬立“遗爱碑”……众多的名人雅士演绎了平彝历史的恢宏。

距县城东八公里的云贵交界处，有一座“山界滇域，岭划黔疆，风雨判云贵”和“以天为界，以地为界”的雄奇界关——胜境关。《中国名胜词典》将胜境关列为具有“天下之险”的全国八大关之一。

建于明景泰四年（1453）的界坊“滇南胜境”坊，立于胜境关，为纪念鄂尔泰改土归流有功而建。“滇南胜境”坊上悬挂着清末秀才，历任平彝县劝学所所长、平彝县参议长、云南省参议员的才子杨蓉洲撰书的68字长联，此联因仅次于天下第一长联昆明的大观楼长联而扬名四海。

上联为：

八千里启戟遥临化蒙苗部落袭汉族衣冠
都人士怀文治武功咸感慨悲歌钦崇先正

下联为：

二百年鲁灵岿在留赫耀声威镇严疆锁钥
良有司仰流风善政再经历缔造延起后行

胜境关还有曾用于抵御外敌入侵的雄奇界关，关隘城楼横架于古驿道之上，登台远眺，城依山雄，山因楼秀，关隘山水，美不胜收，古驿道自东向西断断续续伸向远方。明朝皇帝朱元璋派大将傅友德征讨由此进入云南，地理学家徐霞客、旷世奇才杨升庵、清代民族英雄林则徐曾在这里登临挥毫。进京赶考的才子文人由此经过，留下过无尽的人生慨叹……数百年间，古驿道上留下了无数感人肺腑的故事。

古驿道，一条通京的大道从胜境关下穿过，引来了无数商贾的马帮，也引来了战争的刀光剑影。古驿道上演绎着代代不灭的历史神话，也把一段段历史与平彝小城相连。

城内有建于罗蒙山脚的西来寺，有建于城中心的城隍庙、太和元气坊、孔庙等建筑，气势恢宏，为县城增添了几分古朴，也平添了几分文化的氛围。

县城四周风光绮丽，美丽景致令许多名人雅士留下了由衷的慨叹。

明代著名诗人杨慎（升庵）曾用“天气常如二三月，花枝不断四时春”的诗句来赞叹平彝的风光名胜。

明甲辰进士、云南学道吴自肃曾为平彝之景赋诗多首，其中一首《滇境》云：

才入滇南境，双眸分外明。
诸峦环秀色，芳树带文情。
乱后民风俭，秋来野气清。
相看初揽辔，何敢负生平。

著名的“平彝八景”：石龙古寺、东岭晴云、峦岗翠竹、宣威晓月、玉真仙桥、白马留泉、众壑秋潮、清溪仙洞……无数文人墨客曾在这里泼墨挥毫，为平彝八景留下了不少著名的诗章。

小城北高南低呈缓坡形，砖石砌就的古城墙依凭山势起伏而筑。依地势建房布街，房屋层叠起伏，错落自然，青石板铺就的街道曲折蜿蜒，曲径通幽，浑然天成。整个山城流露着古朴的民风。

县城平街、西门、南门街的交口处，建有木质塔楼文明楼横跨于三街之上，楼高数丈，登高远望，四周秀丽的山川美景尽收眼底，过往的游人赞叹“滇东楼台，推此

王甲本将军的家乡——云南富源

为最”，成为当时县城的一大景观。

文明楼的侧面建有武庙“关圣宫”，整座殿堂透着几分雄伟、几分威严，往东沿坡而上数百米建有文庙。内有建于明正德九年（1514）供奉孔子牌位的大成殿，以及启圣宫、明伦堂、棂星、玉振四门，还有每年农历八月二十三日诞辰祭祀孔子时，只有科考中榜者方能从桥上通过的泮池桥，有供奉主宰文章兴衰之神魁星的魁星阁，与魁星阁对应的是文昌阁、平城书院、太和元气坊等，东门街楼、节孝坊、尹珍故里等较为完整的古建筑为小城增添了几分古朴、几分

王甲本将军的家乡——云南富源

恢宏。

县城以井多著名，人们在潺潺的小溪旁洗浴，听哗哗的流水当街而过……

在过往的商贾和游人眼中，这是一个蕴含古朴民风却也透着几分商贾们的富足以及鲜明文化气息的小城。

城里的居民大多是戍边军人的后代。

明洪武十四年（1381）农历八月，朱元璋调集 30 万大军，由大将傅友德、兰玉、沐英统率进兵云南，由湖南经贵州进入平彝县，看到县城西边的罗蒙山四周悬崖峭壁，且扼守要道，于是将山顶居民迁出，派兵在山顶建筑城堡。

明洪武二十三年（1390）四月，明太祖朱元璋以罗山县地处南北要冲，必须置田戍守，便命开国公常升往湖南辰阳招募壮丁5000人，派遣右军都督佥事王成、千户卢春率军至罗山县境置平彝卫。设两个千户所，分别驻兵防守。

1391年，设驿舍、邮亭、通黔蜀道。

明朝实行“府卫参设”制，以武卫文，军事支持政治。卫军屯田自给，交通线设驿递、铺舍，分军驻守，山势险要处设军户，哨戍以防守，以指挥、千户、百户等官驻守，每个哨所都由兵士连同家小驻扎，一年一换，也有军哨、民哨相兼守哨，后代繁衍之后渐渐形成村落、城镇。

大批兵士的进入，入滇锁钥的重要地理位置，在当地居民的生活理念中注入了政治、军事的氛围，这些军人兵士们的后代渐渐在这片土地上扎根、繁衍、生息，给这片土地注入了生机与活力。

清光绪二十七年（1901），一个阴冷的秋日，城西青年军官王国栋的寓所，一幢两层的灰砖小楼里，王甲本出生了。

父亲王国栋欣喜若狂，从接生婆手中接过孩子，听着孩子脆生生的哭声，望着虎头虎脑、稚嫩的脸上透着一股英武之气的孩子，王国栋的脸上露出了欣慰的笑容。

王国栋一路小跑着赶去城郊请先生。

先生问了时辰、问了父母的生辰八字，又细心地掐算推敲了一番之后，高兴地告诉王国栋：“这孩子出生之时，雨过天晴，天现彩虹，今后定是大贵之人，但这孩子命硬，命中相克。”

跌跌撞撞回家的王国栋将先生的话报与亲友。

儿子的出生给这阴冷的清秋带来了几分喜气和暖意，也给王国栋灰暗的心境增添了几分光彩。

王国栋感激地望向妻子。

“他是长子，就叫他甲本吧。”

甲本，带着几分神秘的色彩，来到了这个军人家庭。

这个特别的男孩的诞生给了王家莫大的荣耀，也给了街坊邻居莫大的喜悦。

过去人们街谈巷议的主题常常是年轻军官王国栋，这么年轻就在部队当了大官，当了什么滇南镇守使，那是百姓们想都不敢想象的大官。

王国栋成了青年中的偶像，成了老人要求儿孙们效仿的榜样。

但在人们的议论中此时更多的是转向了甲本，把甲本的出生传得神乎其神，在叔伯婶娘们的口中，甲本的出生有了一段传奇的故事，甲本成了一个传奇的孩子。

有说他娘临产五日不生，硬是等到连日阴雨后的那个霞光万丈的时辰。那道霁月风光中的霞光，那是祥瑞之气，那是要出大福大贵之人的兆头。

小城的居民大多是一些明清戍边军人的后代，几代人沿袭下来的关于对军事和政治的理解，让他们敏锐地感到：在不远的将来，一个不同凡响的人物就要从这个名不见经传的小城一跃而起。

在他们精明的脑子中，这座小城连同辐射向外几十里乃至几百里的区域，经过多年的征战，戍守磨合，已经形成了一种来自由军事扩展到政治的对于生存于此的民众的滋养。

长年的戍守和征战给了人们一种孝忠皇权、谙熟政治的荣耀，他们期望这种荣誉在他们中的某个孩子的身上，得到继承和延续，甚至是发扬光大。

甲本的出生正好迎合了他们的渴望，于是他们奔走相告，于是他们骄傲自豪地呵护着甲本的成长。

甲本在乡邻们的呵护和母亲的疼爱中渐渐长成了一个英武刚强又懂事的小子。弟弟甲毅、甲纪，妹妹甲英，小弟甲纲相继出生，都给王家带来了欢欣，也让母亲更加操劳和辛苦。

母亲的贤惠善良在当地方圆几十里是出了名的，看着田氏艰辛地哺育着几个孩子，街坊们在敬重之余，总不忘拉扯他们，尽力帮助他们。

甲本和弟弟妹妹们，在母亲的温情和街坊们的关爱中成长着。

心中立下做人的“忠”“义”准则

1906年，此时的甲本已长成一个聪慧懂事的孩子，他跟随四爷爷王怀仁学文化。四爷爷当时在平彝县是远近闻名的“王四先生”，精通文史礼学，熟读经书典籍，可以称得上博古通今。

平彝县直到明正德九年（1514）才有了官方管理的学校，但沿及明清中叶，私立的私塾书院、小学并行，经民国，直到新中国成立之后，私人办学的传统依然沿袭。

民国初年，国民教育以孔孟之道为修身之本，初等小学堂设立国文、修身、算术。王甲本当时没有国立学校可上，只有上四爷爷办的私塾。

四爷爷王怀仁向王甲本传授《三字经》《千字文》《百家姓》，教会他学懂背通以后，开始教授他“四书五经”、《增广贤文》。

古代文化的滋养让少年王甲本从中悟出了安身立命的道理。

王甲本天资聪颖，当私塾学生还读不熟《百家姓》《千字文》《大学》的时候，他已经在四爷爷王怀仁的指导下读《中庸》《论语》《孟子》以及《诗》《书》《礼》《易》《春秋》等儒家经典著作了。

读书之余他和同学们到王怀仁先生家，听《水浒传》故事，《水浒传》中一百零八个好汉的传奇故事深深地吸引着他，也成了他心中的偶像。

四爷爷还给他们讲了许许多多古代忠义良将的故事。王甲本的心中立下了“忠”“义”的做人准则。

1915 年，王甲本以优异的成绩考取了省立第三师范学校，他离开母亲和四爷爷到曲靖就读。

在师范学校，他把重点放在修身、哲学、国文、历史、地理等课程上。他还在课余读了《诗经》《资治通鉴》等典籍。他常常在熟读书本的同时，还在书页上批注学习心得及感想，在同学们中间赢得了“博学”的美名。

他的学习成绩很优异，每科都是优，作文写得很好，而且很有见地、很有思想，老师给他的评语是：“胸怀远大，将来必有大作为。”

他在同学们中间是才情出众的，为此他赢得了同窗好友们的夸赞和拥戴。

此时，国内军阀混战，父亲常常带兵打仗很少回家。从母亲和街坊邻居的闲谈中，他隐约地知道父亲是滇军的将领，带兵入川打仗去了。在他的印象中，父亲高大威武的形象是他最为崇敬的。父亲的形象影响着他，他曾经暗暗地在心中下定决心：要像父亲那样做个军人，报效国家。

“天下兴亡，匹夫有责”这是他时刻牢记的，全国局势的动荡在刺激着他，有一种情绪在他的胸中奔涌激荡。

1916年，母亲在经历病痛折磨后死去，而父亲闻知母亲病逝的噩耗后得了精神分裂症，被部队派人送回了家。

四爷爷王怀仁及堂叔钟焕堂等帮助王甲本料理了母亲的后事。

铁肩担道义

风潮滚滚，
感觉那黄狮一梦醒；
同胞四万万，
互相奋起作长城；
神州大陆奇男子，
携手去从军，
……
练铁肩，
担重担，
壮哉中国民！

练铁肩，担重任

1918 年，放弃了第三师范学业的王甲本毅然踏上了通往省城的路，只身来到昆明投奔干爹范石生，由范石生介绍考入云南陆军讲武堂第 14 期炮科。

王甲本的父亲王国栋与范石生、朱德曾是讲武堂的同窗好友，范石生与王国栋有金兰之交。从此，范石生成了王甲本人生道路上的领路人。

云南陆军讲武堂，东起翠湖西路，西至钱局街，南迄洪化桥，北至仓园巷，走马转角楼式四层土、木、石结构，大四合院建筑，占地 20 多亩。四周绿树高楼衬托着这幢灰瓦黄墙、暗红大门、两边为石砌圆拱门通道、围以黑色铸铁栏杆的楼群，楼群更显古朴、庄严肃穆。

能顺利成为这所学校的一名学子，王甲本感到了深深的自豪。

讲武堂设甲、乙、丙三个班，甲班学员由第 19 镇（镇相当于师）的管带、督队官、队官、排长等军官组成；乙班选调巡防营中下级军官组成；丙班除接受原武备学堂和随其他学堂并入的学生外，还招收社会上 16 至 24 岁的普通中学毕业生，甲、乙班训期一年，丙班三年。王甲本被分到了炮科丙班。

清晨，王甲本在迷迷糊糊中被同学们叫醒。

学员们在宽大的操场集合，听候讲武堂总办李根源的训话。

李根源，云南腾冲人，早在日本留学时就加入了同盟会，立誓以推翻清朝、建立民国为己任。这位立志把讲武堂办成革命军事人才培养基地的革命者令学员们肃然起敬。

李根源扫视了一遍肃立的学员，开始训话："同学们！我们陆军讲武堂以培养军事指挥人才为办学目的。军人以服从命令为天职，这应该是我们每个学员的座右铭。训练时应、对、进、退必须合乎规矩，内务、着装、军容必须一丝不苟，学员要和善、礼貌、守纪，严禁惊扰百姓……"

训话之后，教唱《云南陆军讲武堂军歌》，这是由总办李根源特别编写创作的：

风潮滚滚，
感觉那黄狮一梦醒；
同胞四万万，
互相奋起作长城；
神州大陆奇男子，
携手去从军，
……
练铁肩，
担重担，
……

王甲本很快便投入讲武堂紧张的学习训练生活中。

抗战中牺牲的四名滇籍高级将领

上左：第 3 军军长唐淮源（中将，江川人）。
上中：第 3 军第 12 师师长寸性奇（少将，腾冲人）。
上右：第 60 军 542 旅旅长陈钟书（少将，安宁人）。
下左：第 79 军军长王甲本（中将，富源人）。

王甲本同他的战友们都在重复着每天必修的课程：军人礼节、言行举止、着装队列、长途行军、登陆演习、步枪射击、战术演习。

王甲本常常超出教官规定的任务训练，如在快速行军训练中，他常常是腿上绑上 18 公斤重的沙袋训练，同窗好友们都暗暗佩服他的体能和毅力。

步兵战斗、炮兵射击、工程作业、攀登、游泳、驾船、划船、夜间战斗、战术疏散、野战卫生……这些都是他们的必修课程。

课堂之外，王甲本和他的同窗好友一起探讨《孙子兵法》《吴子》《司马法》《孙膑兵法》《六丰妥》《尉缭子》……他和同学们一起探讨《易经》中的谋略思想，

云南陆军讲武堂教官

诸子百家兵法。

在他看来儒家兵法仁义为本，足食足兵，强调组织训练；墨家兵法讲究休养生息、注重武器与军事工程；法家兵法讲耕战，重实力、权术、刑赏；道家兵法注重慈故能勇、柔弱胜刚强，进道若退的辩证命题。

孙子的思想引起了王甲本浓厚的兴趣。正是在这所学校里，在研读这些论著中，他最初的救国理想开始萌芽。

在王甲本看来，在战乱的年代，拯救国民只有拿起武器，军人当以武力求天下太平。

讲武堂除了学习军事，还进行爱国政治教育，云南同盟会会员大多在讲武堂任职，也有不少任云南新军十九镇的各级军官。讲武堂当时有教官 40 多人，其中就有同盟

云南陆军讲武堂

会会员17人，反清革命派别10人，倾向革命者5人，革命力量渗透新军。

讲武堂成了革命的据点，王甲本在这种环境中熏陶着，他暗暗地下定决心要走父亲王国栋曾走过的那条革命道路。

被这种救国救民的激情推动着，使得王甲本在讲武堂的学习和各种训练中格外地勤奋，得到了教官们的赞赏。

王甲本以各科全优成绩赢得了全校师生赞叹的目光。其中尤其有一人，他的目光常常追随着王甲本，这就是讲武堂军事教官兼骑兵监督顾品珍。

讲武堂还常常进行校史教育。

有许许多多革命党人在讲武堂歃血为盟，发动重九起义，讲武堂官兵首义护国戮力同心。

一位教官李柏东先生从外地得到了大批革命宣传读物《民报》《夏报》《大讨论》《革命军》等，他发动学生阅读。

一位姓吴的烈士曾写下了感人肺腑的遗言，令王甲本感慨万千。王甲本深深地为烈士遗言而感佩，他端端正正地在笔记本上抄录下了这位吴烈士的遗言：

> 人的死有重于泰山，有轻于鸿毛。但生必有胜于死，然后可以生；死必有胜于生，然后可以死。可以生则生，可以死则死。此谓知命的英雄。

王甲本青春血脉中涌动着有如他的父亲一般躁动的爱国情怀，这种报效国家的涌动激情在他的体内汹涌澎湃。

云南陆军讲武堂宿舍

1918年，王甲本以全优的成绩毕业于云南陆军讲武堂第14期。

参与顾品珍领导的“倒唐”行动

1917年，孙中山为维护《中华民国临时约法》和恢复国会发起了反对北洋军阀的护法战争。

刚从云南陆军讲武堂毕业的王甲本被时任滇军第一军军长的顾品珍看中并收为部下，参与了顾品珍领导的“倒唐”行动。

顾品珍，字筱斋，昆明人，出身医药世家，光绪三十年（1904）赴日本留学，最先入东京振武学校，加入同盟会，后转入陆军士官学校，毕业回滇后，任陆军讲武堂军事教官兼骑兵监督。

顾品珍作为1911年昆明重九起义和1915年云南护国首义的主要将领，带领讲武堂学员与清军冲杀。后参加“滇军援川军”入川，在四川纳溪与北洋军展开激战，取得卓著战功。

1920年10月，川滇战事再起，此时任驻川滇军第一军军长的顾品珍因不满滇军入川干预川政，以“士兵厌战”之名率兵撤回云南，被省参议会公推为滇军总司令。

1920年，第一军军长顾品珍统帅大军分两路撤回云南。

早就对唐继尧心怀不满的顾品珍率师回滇，联合唐继尧的部下杨蓁“倒唐”成功。

措手不及的唐继尧被迫于除夕之夜仓皇出走。

顾品珍于正月初一入城，上了五华山，以云南总司令的名义维持秩序。

为庆贺这次“倒唐”，当时昆明有人写了这样一副春联：

一个洋芋辞旧岁，
两棵白菜贺新年。

唐继尧是云南会泽人，会泽产洋芋；顾品珍和杨蓁是昆明人，昆明盛产白菜。对联作者以此来隐喻这一“倒唐”事件。

王甲本所加入的滇军，经过了辛亥革命、护国战争的洗礼，在旧民主主义革命中有过光荣的历史。加之讲武堂毕业的革命党人，同盟会会员大批进入滇军，掌握了驻滇新军的领导权，成为新军的中坚力量，他们不怕牺牲，浴血奋战。

进入新军，王甲本满怀喜悦和兴奋，他刻苦训练，吃苦耐劳，勇敢过人，行军时他常常脚绑十几斤重的铁沙袋，他一次急行军能走 180 华里路，成为滇军中最有名的“快脚”“硬脚板”，在军中被传为佳话，他的勇敢赢得了上级军官的喜爱。

在“倒唐”行动中，王甲本因作战勇敢，深得顾品珍的器重，相继擢升为排长、连长。

拥护支持孙中山的革命壮举

1923 年 4 月 9 日，孙中山先生以大总统的名义发布了《褒扬顾品珍令》。

顾品珍死后，第一军瓦解，大部分东退曲靖、盘县转入广西，一部分西退楚雄，转入四川。

部队瓦解后，王甲本投到范石生部，任范石生部排长。

此时，范石生任第二军军长，参谋长是杨蓁。

滇桂军进入广州后，桂系军阀沈鸿英抢占战略要地韶关，控制了北江，又相继占领了白云山、瘦狗岭、石井兵工厂，控制了广州市的税收机关。

滇军占领了佛山、西关、长堤、广州市中心和税收机关及铁路。

沈鸿英利用各路军阀间的矛盾挑起了一场混战。

孙中山先生多次约见沈鸿英，他总是推脱，也不服从调遣。

野心越来越大的沈鸿英很令孙中山担忧。

果然不出所料。

4月，沈鸿英调部队突然袭击了滇军总司令部，遭到了事先早有准备的滇军的主动出击。

沈鸿英不甘失败，联合邓如琢第三师袭击滇军，两军沿铁路南下，利用火车头向滇军发起冲锋。滇军从未见过这种阵势，一时间无法抵御这种进攻，滇军损失惨重。

沈鸿英再次进攻滇军，在英德与滇军激战。

当时，入范石生部的王甲本参加了在英德与沈鸿英的战斗。

在对英德滇军的袭击中，沈鸿英再次使用了他的“火车头冲锋法”。当火车轰隆隆向英德开来的时候，滇军一时又乱了手脚。

王甲本想出了对付沈鸿英的“火车头冲锋法”的绝妙办法。

王甲本自告奋勇地提出由他率领一个排担任阻击火车

头的任务，范石生同意了他的请求。于是，王甲本率领全排战士冲到铁道上去，撬开了铁轨，把路基挖空，当沈军的火车头载着部队向滇军发起冲锋到达英德时，火车翻倒在路基下。

一时间，沈军大乱。

滇军打出了威风，击败了沈鸿英。

英德一仗，王甲本在战斗中的表现令范石生对他刮目相看。

之后，王甲本又以他的敢打硬拼赢得了一个又一个的荣誉。

他一路擢升。

从排长，一步步地当上了营长、团长、旅长……王甲本的神勇在军中名声大振。

为粉碎沈鸿英的叛乱阴谋，奉孙中山的命令，范石生率部防守广东北郊之大北门、越秀山、小北门。

当部署好部队后，范石生躲在观音山上五层楼的司令部吸鸦片。范石生有个习惯，激战前夕，他常常要靠鸦片来提神。

对于干爹范石生，王甲本觉得他什么都好，就是讨厌他吸鸦片，讨厌他的军阀作风。

正当范石生吞云吐雾的时候，孙中山带着他的卫士突然出现在范的司令部。

形势十分危急，而范石生还有这般闲心，孙中山极为生气。慌乱之中的范石生急忙指挥战斗，孙中山亲自到前线督战。经过一天的激烈战斗，沈军的进攻被一次次击退，而范部的不少连长、营长也壮烈牺牲。

在这次战斗中，已升为营长的王甲本带领他的营冲在最前沿，严守观音山，打退了敌人的一次次冲锋。

讨伐沈鸿英的胜利，为孙中山广东革命政权的巩固扫清了一大障碍。

与朱德相识

1927 年 4 月 12 日，蒋介石发动了“四一二”反革命政变，疯狂反共，并大举屠杀共产党和革命群众。

蒋介石下令在国民党军中清除共产党，而恰在此时，范石生却同意周恩来将部分共产党员派入范石生的队伍。

王甲本率领的 301 团由共产党员在其中担任科长、秘书等中层干部。这些共产党员在军中广泛宣传国共合作的意义，宣传革命思想。

王甲本十分佩服共产党的宣传及思想工作。他曾经在给他的胞弟王甲纲的信中说：“共产党是真正为了劳苦大众的党，我十分佩服他们的宣传思想工作，将来你一定要到延安去，去接受他们的新思想，去学习他们如何做思想工作。”

这一时期，受共产党人的影响，王甲本广泛阅读了多部革命进步书籍，接受了共产党人带来的一系列新思想，开始认真地思索中国未来发展的道路，过去心中的郁闷豁然开朗了。

蒋介石下令在国民党军中清除共产党，王甲本不予理睬，依然让共产党人在军中活动，党的组织依然完好地保存着。

连日的军阀混战和内乱令他感到遗憾和厌倦。

他在沉思，他要去寻一条出路。

1927年，“八一”南昌起义失败后，朱德率仅存部队遇到了困难。

11月，范石生冒着被蒋介石知道后性命难保的危险，寻访着朱德的下落。

朱德部队进入16军后，给16军带来了一种全新的气息，也给16军带来了全新的作风。

此时任301团团长的王甲本从朱德的身上受到了鼓舞。朱德，这位父亲生前的同窗好友，他心中念念不忘的将军，他十分崇拜的将军此时就与他同在一个军中。

对于朱德，王甲本的心中怀着深深的钦佩和敬意。

虽然军中人等都不知道这个化名“王楷”的人就是大名鼎鼎的朱德，但他是知道的。

军长范石生将这一秘密告诉了他，他知道父亲王国栋曾与这位将军是同窗好友，在云南陆军讲武堂时曾一起探寻救国救民的道路。父亲还追随朱德在四川剿匪，建立了深厚的友谊。

为此，他兴奋不已。他的亢奋来源于对在战场上建功立业的渴望。

他还记得朱德初到范石生部时的情景。

当时，王甲本作为范石生十分信任的团长，经常出入范石生的指挥部。

一日，范石生突然对他说："我们要添人了。"

"添的什么人？"王甲本好奇地问。

"朱玉阶已到此晤面了。"范石生说着，眼中流露出兴奋的光芒。

王甲本知道，父亲的好友朱德就要来了，他万分地激动。

又一日，王甲本来到军部，见军需处长唐凤翥（字仲梧，云南人）正在给朱德的部队发军衣、棉被、毯子、枪弹，每个士兵发 200 发子弹，需要的战士还可以多领。

朱德的部队只有七八百人，却发给了一个团 1000 多人的装备，还给士兵们发了饷银。从范石生对朱德的态度，他开始理解了父亲和范石生、朱德之间那种深厚的情谊。26 岁的年轻团长王甲本激动不已，他崇拜的将军就在自己身边，与自己并肩战斗。存积已久的志怀报国的理想在心中浮动。血气方刚、雄心勃勃的王甲本，他感到大干一场的时机到了。

朱德和范石生同是他愿意终生追随的前辈。

在军中，朱德与王甲本有过一次深入的长谈，朱德谈起了王甲本的父亲王国栋，谈云南陆军讲武堂的生活，王甲本也对这位尊敬的长辈谈了自己的报国理想。

他在思索，中国的出路在哪里？

进军的号角四起打断了王甲本对军事理论的沉思，他想着朱德和周恩来与他的那次深谈。

祖国母亲在呻吟，每一个热血男儿都应当奋起捍卫。

他要到前线去。

南京陆军大学深造

1936年，王甲本被陈诚送到南京陆军军官学校将官班和南京陆军大学深造。

南京陆军军官学校和陆军大学，是国民党中央军嫡系部队干部生长的摇篮。

在国民党军中，曾有这样的说法："黄马褂"（黄埔军校的文凭）、"绿顶子"（陆军大学的文凭），有了这两样，才可以成为"天子门生"，才会成为蒋介石信赖的中央军嫡系军官。

陈诚，当时在国民党军中是一个举足轻重的人物，能得到陈诚的器重，是很不简单的。

由陈诚推荐，王甲本参加了南京陆军军官学校的考试，通过初试和复试，顺利进入陆军大学第14期。陈诚意图把他所喜爱的王甲本培养成他的嫡系将领。

坐落在南京薛家巷的南京陆军大学，创办于1928年6月，主要培训国民党高级指挥官，以"提高国军高级指挥军官与幕僚人员之战术思想，增进用兵技能"为目的。后来在抗战中立下战功的曾任第18军军长的杨伯涛就是王甲本在南京陆军大学14期的同学。

作为近代中国历时最长、设施最完善先进的军事学校，南京陆军大学不仅是旧中国的最高学府和军事学术机关，也为国民党军队培养了众多军事幕僚。

军校聘请了日、德、俄、美等国的顾问执教，还引入了大量外国军制、军史、军事理论、军事技术。

陆军大学还是中国军事院校中最早进行诸兵种合成战术教学、研究的单位。

陆大有一套完整而严格的考试制度，除了入学考试外，学员入校三个月后要进行甄别考试，学年终要进行学年考试，毕业前还要进行毕业考试。

陆大设置的课程以培养军事幕僚和指挥官为目的，注重向学员传授高等军事学原理原则以及必要的军事知识。要求学员既要精通各种小部队作战的指挥，又要了解大军统帅的战术运用。在南京陆军大学，王甲本接受了政治教育，认识了“三民主义”，学习了近代中国史、外交史、政治学、社会学等。

图上战术课，分做14至16人一个小组，一个小组一个教官，课堂上教官提出问题，给定交付答卷时间，学员各自完成后向教官交卷，教官评定后，大家一起讨论，学员可以陈述自己的意见。

陆军大学要求学习历代兵略、历史、地理，为了了解世界形势，了解各国军事设施，还要求学员从英、法、俄、德、日五国语言中选修一门。

陆军大学还进行实地作业，锻炼对敌情、地形的判断能力，对学员进行更深入的应用战术教育。有时教官们还带领学员们到各军种、部队见习，有时还到有战略意义的地方去熟悉地形，到重要的战地熟悉战史。

过去自己所参加的革命最后都变成了军阀混战，王甲本很彷徨，他陷入了彷徨苦闷的心境之中。

王甲本在他的书斋里广泛地阅读《史记》《三国志》，希望找出历史的借鉴。

从史书中寻求答案，他阅读的书刊相当广博而庞杂，他开始接触古今中外各种不同的社会思潮。

他阅读《新青年》《每周评论》这一类宣传社会主义思潮的书刊，对这些思潮他表现了极大的热情。

他还阅读了大量介绍外国情况的书籍，外国思想家们的著作吸引了他。达尔文、卢梭等资产阶级革命家的政治理论书籍给了他一些全新的思想。

转眼几年过去了，王甲本系统地研读了革命、军事论著，他豁然开朗了，他常常把自己埋头书堆的行为称为：寻求一条出路。

开赴淞沪前线

1937年8月13日，淞沪抗战爆发，日本飞机从停泊于黄浦江外的航空母舰上起飞，轮番轰炸上海。

中国守军血战淞沪。

一个黄昏，两个陌生人来到了王甲本的住所，他们和王甲本谈了很久。

当送走客人后，王甲本告诉妻子王瑞玉和弟弟王甲纲，这两位客人就是他心中仰慕已久的周恩来和朱德，此时周恩来在八路军驻南京办事处，是他十分崇拜的人。他已将弟弟甲纲托付给了朱德，由他介绍去参加八路军。

这是一个热血沸腾、辗转难眠之夜。

陈诚任命王甲本为18军98师副师长，18军当时由陈诚、罗卓英指挥。

淞沪会战

陈诚为了扩大自己的势力，在陆军大学的每期毕业生中，都要物色起用一批陆大学生吸引到他的军事集团中来。陈诚的用人原则是：不贪财，不怕死，无不良嗜好，勤于职守，做出成绩。陈诚就喜欢王甲本这样的人，不贪财，不怕死。

陈诚曾就读于保定军校炮兵科，曾得到过他父亲的一位挚友的提携，对于家境贫寒而有志向上的青年，他总是不遗余力地给予帮助。

更重要的是陈诚久闻王甲本的勇敢善战，不怕死，为此，陈诚十分器重王甲本，一直想让他在自己手下做事。

进军的号角四起。

这号角打断了王甲本对军事理论的沉思，他想着朱德和周恩来与他的那次深谈。

祖国母亲在呻吟，每一个热血男儿都当奋起捍卫。

他要到前线去。

淞沪血战

此时的淞沪战场，中国守军与日军正开展殊死的血战。

……

经过紧张抢救，王甲本脱离了生命危险，医生从他的身上取出了31块炸弹残留的碎片。

亲临前沿指挥

1937年8月13日，2名日军士兵在上海虹桥机场寻衅被击毙，日军以2名士兵被击毙为借口，向闸北的中国守军射击。下午，日军驻上海海军陆战队向中国军队发动全线进攻。驻沪日军数千人由第三舰队司令长官谷川清指挥，由虹口向天通庵车站至横滨路北段发起进攻，被中国守军击退。

“八一三”事变的爆发，惊醒了沉睡中的中国国民。

中国政府发表《自卫抗日声明书》，向世界宣布：“中国为日本无止境之侵略所逼迫，兹已不得不实行自卫，抵抗暴力。”

蒋介石从全国180个师的兵力中调集了73个师的精锐部队开赴上海战场。

此时的淞沪战场，中国守军与日军正展开殊死的血战。

8月14日，中日两军正式开战。

会战之初双方投入的兵力为：

中国军队投入3个师1个旅，上海市警察总队，江苏保安队2个团，炮兵1个团又1个营，另有海军轻巡洋舰及驱逐舰10艘，炮舰鱼雷艇20余艘，空军参战飞机250架。

日军投入陆军1个大队约2100人，侨民中的复员军人约3600人，海军陆战队3200人，第3舰队上岸参战水兵5000人，其他部队2000人，海军舰艇30余艘和海军航空兵飞机百余架。

从地面部队看是中国守军占优势，而战斗力装备则是日军占优势。

王甲本和他的将士们乘坐军列于8月15日清晨驶入了上海南翔车站，一下车，他们就奉命到大场集结，担任战区总预备队。

兵贵神速，增援部队来得这么快，是当地驻军和百姓们所没有料到的。

驻军官兵和当地群众激动地拉住了他们的手。

“你们是哪个部队的，你们从哪里来，怎么来得这么快？”

他们的到来鼓舞了守军官兵的士气。

日军全面进攻，美国侨居中国的妇女儿童撤出上海。之后，各国侨民纷纷撤离。

8月14日，中国空军以装备落后的飞机对进犯上海的先进的日军战机奋起还击，击落敌机6架。

为配合中国空军的英勇壮举，驻扎在上海的中国守军与日军展开了浴血奋战。

8月15日，刚刚到达上海的王甲本的98师就投入了战斗，当晚接替虹口新市区马玉山路87师王敬久部阵地。

8月17日拂晓，第9集团军全线总攻击。

王甲本率98师到达江湾一线投入战斗。

隆隆的炮声、嗒嗒的机枪声、手榴弹扔出后的爆炸

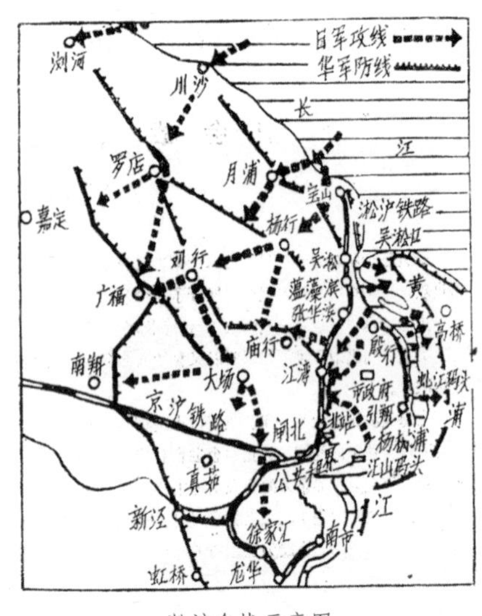

淞沪会战示意图

声像炸开了锅，爆炸声、轰鸣声震得人们耳朵嗡嗡作响。

日军有舰炮、陆炮火力支援，给 98 师的进攻造成了极大的困难。

中国守军的进攻坚持到下午 5 点。

张治中将军亲率随从进驻江湾叶家花园 87 师司令部部署亲自督战，下达命令：

第 36 师即夜向汇山码头江边突破攻击；

在日军俱乐部正面的 98 师之一旅，受 36 师指挥；

98 师 294 旅归 87 师指挥，加入该师左翼，向沪江大学、公大纱厂攻击。

8 月 19 日，张治中将军调整了作战部署：改令 98 师重点攻击虹口海军陆战司令部为攻击汇山码头、攻击杨树浦。

98 师接到命令后开始全力进攻杨树浦。

坦克在阵前开路。

敌军的炮弹一排排落在阵地上，2 个连的坦克被毁，坦克连连长壮烈牺牲。

98 师虽一度冲到汇山码头，但未能占住阵地，日军利用钢筋水泥楼房做据点，发射密集小炮弹，火力异常猛烈。

98 师被敌人炮火压住没法前进。

战斗在残酷地进行着。

面对敌人的炮火，他们知道该如何躲避，光看一堆喷射的烟火，就能断定这是一颗炮弹快要飞来了，迅速躲开。

浓黑的烟火在空气中弥漫，呛人的火药味抑制了每个人的呼吸，战壕内充满了炮火的烟尘，什么东西都看不见。

此时只见前方敌人的坦克乘着炮火的硝烟碾平了地上凸起的土堆，从田地中开过来。中国守军的小钢炮也同时向着敌人的坦克发起攻击。

王甲本请求炮火支援，大炮的隆隆声震得战地一阵阵颤动。一排排炮弹在敌阵前炸开了花。

一时间，有的坦克被炸得开了天窗，有的被炸得不能动弹，头戴钢盔的日军士兵调头逃跑。

在烟雾中，王甲本率领将士们开始反攻。

不少战士受了伤，但都忘了痛。

越过了第一条战壕，向第二条战壕的敌人进攻，一时间喊声四起：“把鬼子赶出去！”

江防激战

8 月 20 日，日军增援部队盐泽师团一部由宝山狮子林登陆，进攻罗店，向中国守军进攻。

当晚，王甲本98师奉命调到宝山月浦方面归第15集团军总司令罗卓英指挥。

淞沪会战中罗卓英第18军11师、14师、67师、98师分别到达长江右岸增援时，罗店已被日军占领。

98师王甲本副师长和师长夏楚中商议后作出紧急部署：

以292旅第583团守备空山及狮子林炮台一线，阻击日军登陆；第294旅在月浦以东地区占领阵地，构成村落防御，阻止敌人。

此时后续部队尚未到达，必须固守阵地待援。

8月23日，日军第3、第11、第13师团的一部在强火力的掩护下在长江川沙口、石洞口等处登陆，攻陷月浦及其东北狮子林炮台，威胁市区中国军队侧背。

淞沪战场浴血奋战

98师奉命赶赴月浦、宝山、杨行、刘行、罗店一线。

江防激战，以罗店为中心展开。

日军也大量地调遣了部队增援。达到5个师团，4个联队从上海登陆，3 个联队在吴淞登陆，7 个联队在罗店登陆，共 3 艘航空母舰，200 多架战机。

上百架敌机在中国守军阵地上空盘旋、俯冲、轰炸、扫射……

日军除了海上舰队和陆军的进攻，还常常空袭不断，在日军密集的空袭下，伤亡的不仅仅是守军将士，还有更多的中国平民。一片片废墟瓦砾之中，哭喊之声四起。

淞沪抗战，日军装备精良，训练有素，陆海空立体联合作战，中国守军武器简陋，日军一个营的战力足以抵中国守军一个师。中国守军只能凭着一种视死如归的勇气和豪情而战。

8 月 24 日，守卫罗店前线的中国守军已伤亡过半。

战斗还在残酷地进行。

陈诚命令急速增援。

98 师师长夏楚中、副师长王甲本接到全速增援的命令。

张治中将军命令："必须不惜一切代价，增援江防。"

张治中将军令夏楚中、王甲本率 98 师全线全力进攻杨树浦之敌。

36 师、87 师推进到百老汇、唐山路、华德路之线。

98 师在 2 个战车连的掩护下向杨树浦一线推进。因敌军炮火太猛，战车连被日军炮火击溃，进攻受挫。

罗店镇位于吴淞到嘉定和大场镇到浏河镇的两条道路交界处。

这是一个可控制马路河、荻泾港的要害之地，北可利用荻泾港，通往石洞口，与扬子江之间通航，是附近各种产品的集散地。

月浦镇位于吴淞与罗店镇之间的城镇，位于距上海北站以北约 20 公里的地方。从月浦镇往南向上海方向约 5 公里处有杨行镇。

杨行是经过江湾镇和特志大学、北四川路的起点。市街较长，东西走向，利用港口进行大米、茧的集散。

王甲本率部 23 日连夜急行军，24 日到达刘家行，才知道宝山城已被敌军占领。

98 师在一所民房中召开紧急军事会议。师长夏楚中、副师长王甲本和师部军事参谋们参加会议。

前段战斗进行得异常艰辛，部队伤亡巨大。

王甲本副师长发表了自己对前段战况的分析："此次作战中所进行的是阵地战，部队缺乏作战经验，加之受条件的限制，部队的防御工事十分薄弱，经不起日军飞机大炮的轮番轰击，部队伤亡巨大，参战 10 天，有的团已伤亡过半，部队已经补充了三次，这些补充上去的士兵都是从后方部队抽调而来，作战经验更加不足。当务之急是加强工事，官长要到一线指挥。"

王甲本副师长要求到一线，亲临前沿指挥督战。

王甲本分析了战场形势，提出了作战中心方案，讨论后大家一致赞同了王甲本的分析和作战意见。

师部制定了作战方案：

294 旅附师山炮营为右翼攻击月浦东面敌军；

292 旅附山炮 1 连为左翼攻月浦以北；

583 团 3 营为师预备队；

294 旅以 588 团向月浦东部地区进攻；

师预备队 583 团第 3 营担任守卫；

292 旅 583 团攻下炮台。

按照师部的作战部署，各旅团到达指定地点。

张治中将军拨通了 98 师师部，命令道：“夏楚中、王甲本率 98 师全力增援江防一线，速到月浦一线阻击敌军。”

此时，日军 2 个师团从川沙口等处以小艇和民船偷渡，中国守军与登陆日军发生激烈战斗。

敌人在轻重机枪火力掩护下，黑压压的一片向着 98 师阵地冲来，如排山倒海。

500 米，300 米，200 米……

王甲本命令射击。

刹时间，机枪、步枪一齐开火，手榴弹在敌阵中炸响。

敌人一排排倒下。

守军战士们也一排排地倒在血泊之中，一个被炸掉了双腿的小战士疼痛地喊着：“妈妈——”血喷涌而出，浸染了身下的土地，他倒在了血泊中……

血战在残酷地进行着……

残阳的余辉与血红的江水连成一片，江水中漂浮的尸骨泛着刺鼻的血腥。

王甲本亲临第一线带领他的将士们打退了敌人的第 5

次冲锋。

王甲本的身上脸上已满是阵地上掀起的泥土。战士们望着满身泥土的副师长王甲本，疲惫地笑了。

此时，98 师接到张治中将军的命令向宝山、杨行、罗店一线抗击登陆敌军。

此时，前线十分危急，张治中将军出于对全局的考虑，把 36 师、87 师、88 师，独立 20 旅，保安总团，教导总队交第 87 师王敬久指挥，正面固守，而把 98 师抽出用到宝山月浦一线。

血染阵地

8 月 25 日，王甲本率部到达月浦、亘新镇一线。王甲本亲自巡察前沿形势，和夏楚中师长布置趁夜反攻月浦日军。

王甲本亲自领着弟兄们战斗。

战士们跃出战壕，避开探照灯的强光，先是匍匐前进，敌人的机关枪嗒嗒嗒地在扫射，战士们全然不顾，抛出手榴弹炸哑了敌人的机枪手。

快要接近目标时，战士们一跃而起大喊着冲上去，越过了第一条战壕，又与第二条战壕的敌人肉搏，喊声震天动地，一直追到敌人的阵地上。

98 师收复了月浦。

日军调集了更多的兵力向中国守军发起攻击，日军空军发挥了优势。

战斗残酷地进行了六天六夜，宝山—月浦的守卫战中，全师经过四次补充，往往是成排成排地补充上去，一两天就消耗尽了。

无数的伤兵被抬下阵地，一边痛苦地呻吟，一边问：

“长官啊！我是在哪个部队受伤的呀？我连部队番号都不清楚，下去不好交代啊！”

新兵往往补充上来还没有来得及交代部队番号就直接开赴前线了。

在 8 月 24 日至 9 月 1 日连续六昼夜的战斗中 98 师伤亡惨重。

9 月 1 日，狮子林炮台再度失守。

9 月 3 日，日军 32 联队由狮子林猛攻月浦外围。

王甲本在前沿指挥着战士们顽强抗击。

日军动用了大炮、飞机轮番轰击，一时间我军阵地浓烟滚滚。

“妈的，我们的装备不如人，才给小日本欺凌到如此地步。”王甲本感到胸腔中有一股怒火在燃烧。

500 米，300 米……

一排排的日军冲过来。

“弟兄们给我打！”王甲本命令还击。

经过一个上午的激战，日军被击退。

此时，王甲本接到了来自上海保安总队传来的、国共两党已达成协议再次合作共同抗日的消息。

国共再次合作的喜讯在军中传播，官兵们由衷地兴奋，士气更加旺盛，中国人民已经团结起来共同对付日本侵略者，这是官兵们盼望已久的事。

短暂的停歇之后，不甘心失败的日军再次发动了对月浦的攻击。

王甲本亲临一线率领98师官兵与装备有战车的日军在月浦展开了激战。

王甲本首先命令炮兵攻击敌人阵地："瞄准目标，节省炮弹。"

王甲本是学习步炮的，他知道大兵团作战时炮兵的威力，当年他在讲武堂学了整3个月的炮兵技术。

炮兵技术中包含着数学、物理、化学的原理，这些知识被应用于射击操作、分析射程、攻击目标。

王甲纲——成都电子工程学院院长、党委书记，王甲本的小弟。

王甲本十分爱护大炮。

为尽量发挥炮兵的威力，避免敌人的偷袭，炮兵团设立了秘密观测所，利用海底电缆通信协助指挥炮兵的射击和修正弹着点的偏差。

炮兵常在黄昏和夜间活动，白天则把炮兵阵地伪装起来。

一次，来了几位战地新闻记者，要想看一看炮兵的神威，报告到王甲本那里，经获准后他们到了炮兵阵地，没想到他们拍了照片后刊发在上海当时的《时事新闻》上。

看到报纸，王甲本立即敏感地意识到：炮兵阵地有危险。于是他命令赶快转移阵地。不出王甲本所料，敌机果然来轰炸了炮兵阵地。所幸转移得快，没有遭受损失。

敌人的飞机对着炮兵阵地一阵狂轰滥炸后，遍地留下了一个个深坑。

王甲本命令炮兵对敌人还击。接到命令，炮兵迅速计算敌军阵地射程，准确地瞄准目标。一排排山炮准确地击中目标，敌人的一辆辆坦克瘫痪在那里不能动弹。又一次大战的血幕渐渐拉开。王甲本的 98 师对日军发起了猛烈攻击。

晓色渐渐展开，经过一夜的战斗，将士们个个灰头土脸。

短暂的平静之后，天空又出现了敌机在低空盘旋，绕了几圈之后，扔下了一排排的炮弹在守军阵地上炸响，掩护工事摇摇欲坠。

浓重的火药味抑制了将士们的呼吸，有部分战士在爆炸中受了轻伤。旋转几圈之后，更疯狂猛烈的炮火向军队袭来。王甲本指挥着士兵们避开敌人的炮弹轰击。

正面的敌人也开始进攻，轻重机枪的火力铺天盖地地压来。

王甲本指挥 98 师沉着应战。

阵地上到处弥漫着黑烟和通红的火焰，枪声、炮弹的爆炸声响成一片。

敌人的飞机永远在上空掷弹，目标是机关枪、自动火炮，将士们的战线翻腾了，军服被汗水血水浸透。

中午炙热的阳光烤着战士们的脸，火辣辣地疼。

战士们挂了彩，但都忘记了自己受的伤。

“我们得拼命啊！”

“我们不能让敌军胜利啊！”

“我们得死守我们的阵地啊！”

战士们像狂怒的狮子。

一颗炸弹落在了阵地前，随着炸弹的爆炸，几个未来得及躲避的战士被炸飞起来，随即变成了落下的肉块。更大的愤怒充塞着战士们的心，震天的喊声随着一排排射出的子弹射向敌阵。

大批的日军抢占滩头，向国民党军队阵地扑来，来势之凶，兵力之多，国民党军队的阵地一个个被突破了。

中日军队展开血战。罗店镇成为一片焦土。

此时，在宝山一线的战斗更加惨烈。

宝山，因处于吴淞口，成为日军目标首先攻击的要地。

守卫宝山的是第18军王甲本98师第583团姚子青的第3营。

姚子青，这位毕业于黄埔军校第6期的第3营营长，年仅28岁的年轻军官指挥着全营的官兵坚守不退，经历了4天4夜的血战，姚子青和全营500余将士全部壮烈牺牲。

此时，98 师参谋长罗广文奉调 14 师任旅长。

谁来接替罗广文？

王甲本副师长向师长夏楚中推荐了 583 团上校团长路景荣，认为他是一位出色的指挥官，他带的连、营、团，战斗力在全师都是一流的，是一位难得的幕僚人才。

夏楚中师长采纳了王甲本的意见，向 18 军军长罗卓英举荐了路景荣。

9 月 10 日，在罗广文调离的同时，路景荣接任 98 师少将参谋长。

路景荣参谋长率 98 师第 583 团的两个连，作为 98 师的主力团防守狮子林，几天激战之后，伤亡较大，数千名日军在炮火的掩护下，冲向 583 团指挥所，把团指挥所团团围住，路团长领着全团官兵冲向敌阵展开白刃战。

南京陆军大学时的王甲本将军

4 个小时的白刃血战，敌人源源不断地倒下，而全团的官兵伤亡惨重。路景荣，这位刚上任才几天的师参谋长在激战中壮烈殉国，时年仅 35 岁。

夜色浓浓地降临了，天

空竟出奇地星光灿烂，阵地上一缕缕未散尽的白烟缓缓地飘摇。

经过了 4 天 4 夜的战斗，或许日军也疲惫了。

此时，在中国守军阵地，输送队为战士们送来了馒头、开水，上海的市民自发组织了担架队、输送队，为前线的将士送来了食品和救护。

他们和战士们亲密地拉拉手。

短暂的休整后，又是敌人猛烈的炮火攻击。

整个上海战场，因为没有充分的组织准备，加上与日军装备的极大悬殊，中国守军全靠用血肉之躯去拼杀。

在中美空军的配合支援下，国民党军队开始了反攻，大炸弹在敌军阵地上爆炸，敌阵立刻乱作一团。

高射炮在空中爆出火花，炮兵发射着炮弹，给敌阵带去了一阵阵弹雨。

守军在飞机、大炮的掩护下发起了反攻，越过了一条战壕，冲向第二条战壕与敌人展开肉搏。

战士们看到，他们的副师长王甲本冲在最前沿，就在他们的身边，将士们精神振奋。

王甲本十分重视“指挥靠前”，他常常出现在第一线，有时和战士们一起涉水登陆，有时还率领部队冲锋陷阵。

他常对他的作战参谋说：作为一个指挥员，必须到前线去，才能及时掌握战斗的进展和敌我态势，才能随时改变作战部署，才能实施灵活而有效的指挥。这样，指挥战斗的失误才会少。

看到他们的副师长王甲本的身影出现在战场上，战士们为之感动。

一道道战壕越过了，一排排子弹射向了敌人的胸膛。

敌人的冲锋被打退了。

突然，一发炮弹落在了正在指挥冲锋的副师长王甲本的身旁，在他的身旁爆炸。

随着一声巨响，副师长王甲本沉沉地倒下了。

血，从他的身体里、额头上汩汩流出，浸湿了地上。

士兵们哭喊着他的名字。

……

苏醒过来的王甲本发现自己已经躺在了伤兵医院的病床上。

经过紧急抢救，王甲本脱离了生命危险，医生从他的身上，取出了31块炸弹残留的碎片。

淞沪抗战，国民党军队官兵每天的死伤数以千计，主力各师补充兵员达四五次之多，原有下级军官和士兵伤亡达2/3，旅、团长伤亡达半数以上。98师多次补充全师2590余名官兵血染淞土，团以下军官死伤200多人。

他们用血肉之躯实践了与阵地共存亡的誓言。

中日首次大规模会战——淞沪会战中，中方投入兵力70余万人，日方30余万人，日方凭借其精良装备和海空军优势，很快掌握了战争主动权。

淞沪会战，中国守军在战力极为悬殊的情况下，与日军激战3个月之久，这在世界战史上实属罕见。粉碎了日军“一个月占领上海，三个月灭亡中国”的梦想。

1938 年 3 月淞沪会战后，王甲本所在的 98 师因作战有功受到嘉奖，军委会决定以 98 师为骨干扩建为 79 军，下辖 76 师和 98 师，师长夏楚中升 79 军中将军长，王甲本副师长也因战功卓著升任 98 师师长。

伤好之后回家探亲的王甲本令家人又惊又喜：惊的是他受了这么重的伤，喜的是他终于活着回来了。

在武汉家中，从前线归来，奉命在汉口接收补充兵员的王甲本意外地见到了弟弟王甲纲，此时，王甲纲已由朱德介绍到武汉八路军办事处，又由一位姓李的主任介绍到西安八路军办事处。

兄弟俩的见面让王甲本感到意外的惊喜。

听说弟弟已经到了八路军办事处并即将去延安，王甲本十分高兴，他告诉甲纲：“我很佩服共产党、八路军的思想工作，在八路军中你要好好学习八路军如何做政治思想工作，动员群众，组织群众，开展游击战争，八路军抗战又坚决又彻底又有办法，等你学习回来以后到我的部队里来帮助我组织军队与日军作战。”

王甲纲听着哥哥对八路军的评价，他十分佩服哥哥的抗日主张。但在他的心中始终认为：国民党的军队纵然有一些英勇抗战的军人，但在蒋介石的腐败统治下，哪有抗战胜利的前途。

王甲纲的心早已飞到延安去了。

潜阳整训

王甲本接任师长后，大刀阔斧地改革。这种改革被手下人称为“储才”“整军”。

……

还有共产党派去的年轻军官刘参谋，新提拔的营、连长都是20来岁，这些人组成的“少壮派”成为王甲本98师的骨干和智囊团。

相知相识罗炳辉

1938 年 3 月，王甲本升任 98 师师长，由湖南长沙到浙江孝丰就职。

1938 年 4 月，王甲本奉命率师移驻安徽东南的宁国县。

新四军第五支队在这一带活动，第五支队司令罗炳辉与王甲本有很深厚的旧谊，罗炳辉将军的家在云南彝良县角奎镇阿都村，与王甲本是云南同乡。

罗炳辉，早年曾参加蔡锷讨袁护国战争，参加过北伐和东征，1929 年加入中国共产党，10 月领导吉安起义率部加入中国工农红军，曾任红军独立第 5 团团长、红 5 军第 2 旅旅长、第 2 纵队司令、红 13 军军长、红 9 军团军团长，是华中敌后家喻户晓的抗日名将和传奇英雄。

这位被称为“福将”的新四军将军与王甲本有着一种难以言说的情谊，不仅因为他和王甲本是同乡，他们还有着相似的经历，又都有着一腔报国的志向。

王甲本与这位比他年长 4 岁、待他有如兄长的将军一见面就感到格外的亲切，他们有过一次深入的长谈。

在王甲本的眼中，这位新四军的司令罗炳辉英武极了，他穿着新四军的灰布旧军装，配大号左轮手枪，打着绑腿，脚穿用麻丝和布带编织的草鞋，走路生风，英武之中透着智慧。

而在罗炳辉的眼中，王甲本魁梧的身材，一身戎装，英气逼人，眉宇间透着一种刚强和正气，有一种军人的威武。

他们一见面，说着彼此熟悉的家乡话，他们谈过去旧有的情谊，他们谈时局，也谈各自对时局的忧虑。

看着罗炳辉将军脚穿草鞋，王甲本有些诧异。一问才知道，当时新四军的装备差，弹药奇缺。两个团2000余人，只有大半的人员有枪，有的只有几颗手榴弹，枪支的质量也很差，许多是“单打一”（只能一次填一发子弹）和“半截子”（短枪），弹药更是不足，更谈不上有什么重武器，部队给养十分困难，秋冬季节战士们穿的还是单衣和草鞋。

后来，王甲本师长4次批条拨给新四军第五支队两个团子弹20万发。

他们相互配合，打击日寇，收复了浙赣线上的河沥溪、水东、孙家铺、红林桥4个车站及周围失地，并趁势收复了宣城。

王甲本率部到达安徽宁国县，配合罗炳辉夺回洪林桥、麻姑。

1938年6月，王甲本率98师从皖南挺进江苏武进、丹阳、宜兴一带，在敌后开展游击战，破坏日军水陆交通。他们经常出没于河流和湖泊之间伏击日军，先后击沉敌军汽船10余艘，木船数10艘。

1938年6月下旬，王甲本率师回皖南，与日军进行据点争夺战。先后两次占领宣城，并占领汪家山等要地。

当时占据宣城东乡汪家山的敌人防御工事做得非常

坚固，山上山下布置电网六道，处处置有电铃，一处碰着处处响，日军以为就像装在铁桶一般固若金汤了。

就在王甲本98师苦于无路可进的时候，第2区第4联保汪家山农民张明良的儿子张维才、养子易捷三这两个孩子来向王甲本报告说，他们知道日军所占山头的进出路线。

两个孩子常常在山坡上放牛，知道鬼子进山出山的路线。他们恨透了鬼子，就是放牛的时候也唱着骂鬼子的歌：

“日本鬼，喝凉水儿，破了船，沉了底儿。”

“小大嫂儿快快长，长大了好快去学堂，学知识，求解放，打走鬼子保家乡。”

他们留心鬼子进出的路径，发现只有两条路可以进出。他们发愿报国，待机领国民党军队进攻。

此时，听说王甲本的98师要攻汪家山，两个孩子高兴得不得了。

两个孩子把这两条路径告诉了王甲本，并自告奋勇为98师领路。

21日深夜，由张维才、易捷三这两个孩子领路98师兵分两路，旅长朱席珍、团长朱济猛率众奋勇攻进汪家山，正在睡梦中的敌兵仓皇应战，大败奔逃。

战斗结束，一清点，战士们高兴极了——敌寇被歼700余人。缴得大炮2尊，重机枪6挺，轻机枪8挺，步枪380余支。

在山头的地窖里还找到了敌人留下的罐头、食品。大家一看，激动了，那些食品足够全师吃3个月。

可是，张维才、易捷三这两个孩子受了伤，后来张维才因伤重而死亡。

王甲本吩附给孩子的家人送去抚恤金200元。

一位叫陆洛的战地记者记录下了孩子们的英雄事迹，刊在了上海万有书局出版的《战地行》一书中。

“储才”“整军”

1938年夏，王甲本98师转移到皖浙交界的潜阳县整训。

王甲本接任师长后，大刀阔斧地改革。这种改革被手下人称为“储才”“整军”。

1937年11月，98师在淞沪会战中伤亡巨大，之后补充了大量的新兵，这些新兵作战经验不足，素质条件不一，需要集中整训。

王甲本深知，举大事者首重人才。他广罗人才，对内调整人事，外则招募人才、招贤纳士，提高部队的战斗力，他手下的几个作战参谋潘茂、李印西、钟旭、杨继华、黄士琦、杨大强，就是他挖来的人才，当时都是20来岁，军中称为“少壮派”，还有刚从美国回国的爱国华侨，有武汉大学、西南联大的老师和学生“王眼镜”、符参事等人。还有共产党派去的年轻军官刘参谋，新提拔的营、连长都是20来岁，这些人组成的“少壮派”成为王甲本98师的骨干和智囊团。

王甲本不搞裙带关系，不因是老乡、亲友就徇私情，这在当时的国民党军队中极少见。他身边的云南老乡仅有三个人：一个是随身副官田占元，一个是科长何佰阳，管财务伙食，还有一个就是中医兼秘书唐凤翥。

当时通讯兵营的收发报机老而笨重，而且掌握这些的人依仗技术和裙带关系，指挥不灵，不能适应作战的需要。

王甲本派李印西到贵州麻城通讯兵学校参谋班进修，并嘱咐李印西物色人才。后来又派李印西到广东韶关，聘请了一批年轻的有技术、有领导能力的同学来，改组了通讯兵营。将过去笨重落后的旧式发报机改装为手提式的收发报机，还使用了美国进口的先进的报话机。王甲本果断地委派“少壮派”罗梓荣为中校营长，周拨恺为少校副营长兼台长，另有 4 人分别担任台长。

王甲本的改革果断而又大胆，提高了部队的作战能力，但是，他的改革也触及了一些人的利益。被他换下来的人中有军长夏楚中的湖南老乡和亲戚，为此，有人心怀不满。

除了改革，王甲本还在军中利用战事间隙整训部队，整肃军纪。

很多战士反映，有基层军官克扣军饷，也有军官违反军纪调戏妇女。

王甲本十分气愤，决心好好整治一番。

当时士兵每天的粮食定量为 24 两（旧称，合现在的

1.5 斤），虽然米中夹些稗子，但分量并不算少，由于兵团、师部、团部、连部等层层克扣，发到士兵手中就只剩下 14 两左右，士兵自然是吃不饱饭了。

军饷，当时一个二等兵每月只有 8 元钱，由于物价飞涨，仅只够买几斤烧柴，士兵们甚至没有钱买鞋子。

有的军需处的官长克扣士兵的军饷，有的吃连队的缺，还有的吃伤员的缺，不少士兵因为严重营养不良而病倒了。

对于军中的这些不良习气，王甲本总是严惩不殆，发现一个轻则处罚，重则枪毙。

他常常说："我们的国家正在日寇的铁蹄之下，我们这些当兵的为了挽救国家和民族来到一起，我们是同胞、是兄弟。可是有的军官，不思抗日，不思为国效力，贪污军饷，喝兵血，发国难财，同胞们在流血、在牺牲，这些人却忍心做这种缺德的事，这是给我们军人丢脸，这是我们民族的败类。

"人人都是父母所生，出来当兵打仗都是为了国家民族，我们做军官的要带好这些兵，让他们的父母放心。

"克扣军饷者杀，决不姑息。"

王甲本师长的讲话赢得了经久不息的热烈掌声。

王甲本的治军风格特殊，在一次对士兵讲话时，他一上讲台就带着火气，他先是斥责财务科科长拖延了士兵们的经费，接着又指责另一位科长克扣了士兵的军饷，两位科长当场就被押走。

会后，大家议论不一，有的说："是该治治这军中的坏风气。"

也有的说："不就是克扣军饷吗？何至于毙命吗。"

还有的曾遭到过处罚撤职的军官甚至骂王甲本："王屠夫！"

1985 年 6 月，曾在王甲本将军手下任过作战参谋的潘茂、钟旭、李印西在回忆文章《抗日英雄——王甲本》一文中写道："王甲本将军对违反军令和骚扰百姓的违法乱纪行为，均予严惩，以平民愤，而平时对人却是亲切慈祥的，经常到连队去了解官兵的思想和训练装备情况，战时则全副武装，英姿焕发，指挥若定，他笑起来，给人一种甜蜜的感觉，发起怒来，两眼一瞪，两眉一竖，令人不寒而栗，官兵们对他又怕又爱又尊敬，他每到一个地方，都受到老百姓欢迎。"

爱兵如子

1939 年 3 月至 5 月，日军第 6、第 101、第 106、第 116 师团在 11 军司令官冈村宁次的指挥下，向南昌进攻。中国守军第九战区部队在江西南昌地区与日军华中派遣军展开南昌会战。

中国守军第九战区代司令长官薛岳指挥所属部队 10 个军 33 个师 20 万人展开防御。

王甲本 98 师奉命配合 74 军在修水南岸布防。

1939年3月17日，日军101师团强渡修水，向永修方面进攻，拉开了南昌会战的序幕。

日军在其海军一部及航空部队掩护下，在南浔路两侧（南昌至九江）向南昌发动进攻。日军116师团一部从湖口乘50艘船艇横渡鄱阳湖，向修水南岸阵地东端吴城进攻。

日军企图以水面突击攻下吴城镇这一中国守军防务中枢。

吴城镇在赣江、修水入鄱阳湖入口，为南昌的北面屏障，日军意图冲破这一屏障攻取南昌。

日军101师团向水面的突击遭到中国守军的顽强抗击失败后，将攻击重点放在永修方面正面突破国民党军队观音山阵地，日军集中了炮兵、战车向观音山发起了猛烈的攻击。

中国守军只有105师、76师、107师3个师，战线薄弱。

战区司令罗卓英认为，此时国军防线最薄弱的地方在南潦河与鄱阳湖的入口，此地地势平缓，易攻难守。于是，把最强大的79军布置于此。此时的79军有一半在潦水左岸永修，一半在右岸吴城，不利于迅速集中兵力优势。

王甲本98师此时正在潦水右岸吴城附近。

3月20日，日军升起了观测气球，集中了强大的炮兵全力炮轰观音山中国守军阵地。

炮火摧毁了所有的阵地工事，日军同时发射烟幕和毒气，中国守军士兵大部分中毒。

日军在200门大炮火力的掩护下，戴着面具强渡修水。

日军利用早已布置好的发烟筒发射烟幕和毒气，宽达上公里的淡黄色毒雾缓缓顺风而下，飘到了79军阵地，守军没想到刚遭到炮击之后又遭毒气攻击，官兵中毒，部队陷入一片混乱。

中国守军命令大炮还击，但是当时只有一个山炮营，大炮是经改装的旧型日造“大正六年式75”山炮8门，射程短，力量小，没有反击的力量。

趁着国民党军队一片混乱，日军开始戴上防毒面具强渡修水。挡面的国民党军队在毒气中挣扎，无法组织有效的抵抗。

日军突破中国守军阵地，渡河工兵架设浮桥，供战车队通过。

对于日军的强大火力炮击，中国守军没有足够的心理准备。

观音山阵地全部被毁。

渡过河的日军开始了更为猛烈的攻击和空中的狂轰滥炸。

大量战车扑向奉新。

79军军长夏楚中看到日军已经突破了永修到安义之间的永修防线，为避免遭到包围，急电罗卓英司令：请求撤退。

面对日军的机械化部队，79军只能跟在后面追击，不敢靠得太近，害怕日军掉头围击。

王甲本98师奉19集团军总司令罗卓英之命与王严之第118师、张言传预备第9师驰援南昌右翼。

此时，连续几天的大雨下个不停，那唰唰的雨声搅得人无限的懊恼。

地上的水越积越多，成了一片汪洋，从雨水中走过，混浊的水淹没了人们的鞋子，让人分不清脚下哪里是坑，哪里是突兀的地方，战士们深一脚浅一脚地行进着。

山道泥泞，时不时有负重的军马跪倒在泥泞之中。

王甲本率领98师冒雨急行军。

战士们顾不上被雨水浇湿的衣服，也顾不上道上的泥泞染得全身上下一片黄泥，只顾火速前进。

部队来到潦水河畔，连日大雨，洪水猛涨，潦水河浊浪翻滚。

一时间，部队被狂暴的潦水挡住了去路。

王甲本即令工兵连找来了过河的小船，由于渡河船只太少，所以只有先头部队渡过潦水。

连日匆匆行军，马匹已经疲累，更何况战士们是在泥泞的山路上行走，大家都已筋疲力尽。

一个叫李占庭的士兵病倒了，是王甲本师长把他扶上了自己那匹栗色的马背，李占庭感激的泪水濡湿了马背。将军的战马驮着这个士兵走了几十里路，而将军却在泥泞中跋涉。

到宿营地的时候，一个年纪很小的士兵蹲在地上，老是打不好绑腿。

“你是新兵吧，你看，打绑腿，要一只脚跪在地上，一只脚将脚尖和脚掌跷起，脚后跟紧蹬地下，然后从足踝往上均匀地缠到膝盖，或缠人字，或缠一字。”王甲本蹲下去，边教边做示范。小战士并没认出王甲本，他边讲边做示范，一下子就打好了。小战士充满感激和钦佩地凝视着这位长官，他从未见过这样没有架子的长官。

长官走了，小战士才知道这是他们的王甲本师长。

过去听人说起过，只知道他打仗不怕死，想不到他还这么和气。

吃饭的时候，王甲本与士兵们席地而坐，一边吃着饭，一边谈笑风生，还时不时为他们分菜。

士兵们满含感激与深情地望向他们的师长，这位有如兄长一般的长官。

与他在一起，士兵们感到格外的亲切与放松。

他们高兴地与师长拉着家常，讲着笑话，轻松地谈论着各种话题。

行军中，他们时不时还说着一些笑话，一路上，士兵们虽说很疲惫，但情绪都十分高涨。

休息的时候，队列中传出用方言讲的笑话，有云南来的兵，说着彝族、纳西族、白族话，有四川来的说着四川话，有湖南兵的湖南话，他们把方言编成了故事，笑话一路说着，为的是解除行军的疲劳。

队伍中传出愉快的笑声，这些愉快的话语果然让士兵们精神不少。

晚上宿营的时候，有的战士才发现行军中脚打起了血泡，有的血泡磨破了，血水一片模糊。

王甲本告诉战士们把磨起的血泡剪破，用煤油把瘀血擦干净，然后在火上一烤。

他告诉战士们："晚上休息一夜，明天照常跑路，一点也不痛。"

战士们照着一做，果然不疼了。

在日军战车后面苦苦追赶的 79 军还没有到达，日军近百辆战车已经占领了奉新。

此时，连日的大雨让国民党军队的行军速度变慢了。

罗卓英发给 79 军的向奉新攻击的电令被日军截获，日军战车开赴南昌。

3 月 24 日，向南昌急进驰援的 98 师在安义附近与日军 101 师团主力遭遇混战。尽管 98 师拼力作战，但终因连日冒雨行军，不少战士身体状况欠佳，加上敌 101 师团装备精良，战斗进行得异常惨烈。98 师伤亡巨大，587 团 3 营营长熊文华以身殉职。

79 军失去了增援南昌的大好机遇。

日军乘虚而入占领了南昌。

发现日军动向的 79 军在 1939 年 3 月 26 日日军 101 师团转向进攻南昌之时，尾随追击，可惜机动力不足，未能有效攻击，最终没有遏制敌人向南昌的进攻。

夏楚中军长只能率部沿安奉公路索敌攻击。不料，

3月26日，敌101师团一部突然掉头攻击79军，军部被切断，军参谋处处长王禹九少将为保护军长夏楚中，亲率584团向日军冲锋，壮烈牺牲。

王甲本率98师与军部一起顺势突围，79军转向上高集结。

79军被编为阵地防御部队，以上高为中心，拉开一道防线。

女作家眼中的将军

……今天有机会到王甲本师，她一定要去看看他，在她的心中，王甲本是一个诚挚、热情而又忠于人民的将领，是她心目中一位十分敬仰的英雄。

战地服务团仰慕的将军

1938年的夏天，担任共产党战地服务团团员的胡兰畦，当年淞沪抗战时曾在上海办过很有影响的壁报——《战鼓》，这位著名的女作家，也是上海劳动妇女战地服务团团长，带领战地服务团的团员们来到了皖浙交界的昱岭关。过了昱岭关，又来到了潜阳县。潜阳县，这是一个有名的药材产地。

汽车在潜阳县停下来，乘同志们进午餐的时候，胡兰畦来到 98 师拜访王甲本师长。

胡兰畦，一位十分有名的女作家和社会活动家，1901 年生于四川，她曾经是黄埔军校唯一的一期女生队的学员，后曾担任过社会活动家何香凝的秘书、宋庆龄的助手。胡兰畦早年加入中国共产党，曾追随何香凝、宋庆龄从事过妇女运动。

1929年，胡兰畦被蒋介石亲自点名驱逐出江西。同年，胡兰畦以江西省救济院孤儿所兼妇女教养所主任的名义被派往欧洲考察社会救济。

在德国留学时，因她从事反对日本军国主义的活动而于 1932 年冬被捕。经宋庆龄、鲁迅等人在上海以民权不同盟名义向德国领事馆抗议，她在牢中 3 个月后才得以获释。

胡兰畦以自己的这段狱中亲身经历写出了纪实小说

《在德国女牢中》。这部小说被译成多国文字，引起了极大轰动，她的名声传遍了欧洲。

1934年，她应邀参加了苏联第一次作家代表大会，会上作了关于狱中经历的报告，受到了苏联文艺界的最高礼遇。世界文豪高尔基设家宴款待她，在宴会上向他的朋友介绍胡兰畦时称她为："一个真正的人。"

两年之后，高尔基去世，胡兰畦被特邀与高尔基的子媳一起手捧遗物到红场为高尔基送葬。

胡兰畦回国后，积极投身抗战工作，组织了上海劳动妇女战地服务团到前线参加抗战救护，穿越于枪林弹雨之中，被军中誉为"当代花木兰"。

在这位漂亮而有才气的女作家眼中，王甲本是一位威风凛凛的将军，她在参加战地慰问团到各地作战地慰问时，常常听人们说起王甲本，说他是"硬战将军"，今天有机会到王甲本师，她一定要去看看他，在她的心中，王甲本是一个诚挚、热情而又忠于人民的将领，是她心目中一位十分敬仰的英雄。

王甲本师长见了她们，看着这一群身着灰色棉布军装、灰色军帽、打着绑腿的妇女服务团的团员们，他热情地连连说："欢迎！欢迎！"

胡兰畦惊异地说："呵！你在这儿享清福呀！"

"享什么清福，飞机轰炸不到罢了。"

王甲本说着，对胡兰畦伸出了大拇指说："你是个才女，我读过你写的《在德国女牢中》，我印象最深的是你写的那段：‘如果要把我做一个真的人，我只有很坚强地把一切的困难都担负起来，好吧，我就借德国的牢狱来锻炼自己！’那段话多么具有英雄豪情。”

“真的吗？”胡兰畦惊讶地望向王甲本师长，她没想到竟会有人这么清晰地记住她的作品。

“真的。我们去年的时候还在《妇女生活》中读过你写的连载《回首十年》，你真行，而且你们这次真勇敢，你们在山洪暴发的沟溪里冒险涉水，你们的勇敢无畏鼓舞了战士们的斗志，这种精神是我们学习的模范。”

午饭时，王甲本特意吩咐用家乡人民送来的慰问品乳扇和大头菜招待战地服务团的团员们。

同桌吃饭的还有胡参谋，这位胡参谋曾被王甲本派到江西山中去迎接陈毅出山，饭桌上说起迎接陈毅出山的事。

王甲本师长说：“陈毅他们那么艰苦，却奋斗出来了，我们的条件比他们优厚百倍，难道还不能战胜日本？其实共产党这种坚韧的精神，才是我们的好榜样！”

第五次反“围剿”后，陈毅留在江西，在国民党围追堵截的恶劣环境下，陈毅的部队穿的是老百姓的破衣烂衫，吃的是竹笋当饭。

在这样恶劣的环境中，陈毅几经风险。

有一次，在一个小镇，陈毅和几个红军正与镇长谈判，忽然有老乡来报告说，国民党的军队已包围了这个小镇。

陈毅急忙带着几个红军往镇外撤。

当时正是秋冬之季，红军没有御寒的衣服，身披棉绒毯，用一根麻绳拴住棉毯的两个角系在胸前。

只听后面有追兵大喊着："抓活的，抓活的。"气喘吁吁的追兵追到了陈毅，抓到了他身披的毯子。

陈毅急忙把绳子一解，挣脱而出，飞奔而去。追兵抓了个空。

跑了没有多远，追兵又追了上来。

前面就是一处悬崖，情急之中的陈毅想：宁可葬身悬崖，也不能活着当俘虏，于是纵身跳下悬崖。追兵对着悬崖下一阵扫射之后，扬长而去。

跳下悬崖的陈毅被树枝和石头托住才没有摔下悬崖。等到追兵走了，陈毅才从悬崖下爬上来躲过了一劫。

知道陈毅的情况后，王甲本派胡参谋带人进山去迎接陈毅出山。

当年朱德化名王楷隐藏在范石生部队时，陈毅就在朱德部队，王甲本没有忘记陈毅和朱德与他在范石生的部队曾经有过的情谊。

王甲本的重情重义令胡兰畦敬佩而又感叹不已。

竹林里的欢迎会

98 师在竹林中开了一个欢迎会。

士兵们到老百姓家借来了桌子、凳子，在竹林中搭了一个台子，用军毯、被单围成了一个戏台。

竹林前安排了几个竹椅，王甲本师长率领一些参谋、副官、秘书、录事等坐在椅子上，舞台前面是特务连的士兵，他们就地盘膝而坐，两旁是一些村里的老太婆、中青年少妇，后面是战士们。

慰劳会安排得很简单，气氛却十分热烈。

演出前，先是王甲本师长致欢迎词，然后是战地慰问团团长胡兰畦讲话，这位女同志情绪激昂："我们战场剧社，从伟大抗敌战场的血泊中孕育出来。它的周围正燃烧着抗战的烽火，它的面前正涌起抗敌的怒涛。日本帝国主义的凶恶，像野兽般的残暴，千百万人们的反抗的呼声，像海潮一样地怒吼，它要狂喊，它要怒号……"

大家的情绪都被胡兰畦热情洋溢的讲话渲染了。

接下来是慰问团为官兵慰问演出。几个女团员演唱了田汉作词、聂耳作曲的《义勇军进行曲》。

接着又唱了陶行知先生作词的《锄头歌》，不少士兵也跟着哼唱。

王甲本师长一边拍着掌一边跟着哼唱：

手把锄头锄野草呀，
锄去了野草好长苗呀！
咿呀嗨，呀嗬嗨，
锄去了野草好长苗呀，
呀嗬嗨！
救国不分男和女呀，

男女一齐要救国呀，
咿呀嗨，呀嗬嗨！
男女一齐要救国呀，
呀嗬嗨！
革命成功靠锄头呀，
锄头锄头要奋斗呀！
咿呀嗨，呀嗬嗨，
锄头锄头要奋斗呀！
咿呀嗨，呀嗬嗨，
锄头锄头要奋斗呀，
呀嗬嗨！

王甲本唱到这里很激动，他的眼里闪动着兴奋的光芒。

这是一首人们都很熟悉的歌，这首歌不仅传遍了繁华的都市、遥远的山村，就连不少前线的战士都会唱。

王甲本当时又威武又神气，他的表情很感人，胡兰畦和慰问团的女团员们都被他的情绪感染了。

慰问演出结束后，慰问团的女演员们将王甲本师长团团围住，王甲本，这位她们心目中的英雄，让她们又钦佩又崇敬，有的拿出本子请他签字留言。

王甲本很爽快地为大家题字，他题的字全是一些鼓励大家的话，比如“抗战到底！”“不当亡国奴！”“把日本鬼子赶出去！”等等。

当时服务团的女团员们都很崇拜王甲本师长，觉得他威武，性情豪爽，有军人的气质，而且他随和而又幽默，有英雄气概和男子汉的魅力。

战地服务团的女团员们私下都会悄悄地议论他。

这段精彩的经历，女作家胡兰畦把它写在了《胡兰畦回忆录》中，胡兰畦曾在这本回忆录中对王甲本将军表现出的对共产党将领陈毅的友情和支援表露出深深的敬佩和感动。胡兰畦把她印象中的王甲本专门写了一篇题为《王甲本师长》的文章，描述了她与王甲本的这次相遇给她留下的深刻而又十分美好的印象。

血战长沙

阵地上的炮火呼啸着划过天宇，在国民党军队阵地前炸响，敌机呼啸着，俯冲着投下炸弹，一层又一层铺天盖地地向前延伸……

率部增援通城

长沙自古号称“荆豫唇齿，黔粤咽喉”，为中国重镇和历史名城。

长沙，这座美丽的城市，也未能幸免于战争的蹂躏。

1939年9月，日军出动了陆军、特种兵、海军陆战队、空军和舰艇部队10万余人，从赣北、鄂南、湘北三个方向同时进攻长沙。

日军第一个目标选择进攻长沙，企图首先攻占长沙和富庶的湘中地区，消灭中国守军第九战区的主力部队，打通粤汉线，切断第九战区与其他战区的联系，迫使中国政府屈服。

第九战区司令长官薛岳做出了对敌作战策略，这位曾被张治中称作“百战将军”的司令长官，将他的作战策略总结为八个字：“后退决战，争取外翼。”

中国守军第九战区作战部队共有6个集团军、18个军、42个师40万兵力，还有大量地方武装以及游击部队配合作战。

当时，王甲本所部79军驻守幕阜山。

9月10日，王甲本收到了薛长官发来的电令：

敌33师团占领通城，着第98师王甲本师长速增援并攻克之。

通城方面日军第33师团向南猛攻，企图突破幕阜山余脉79军阵地，向南直插，配合岳阳方向主力，围歼守卫第一线新墙河的关麟征第15集团军。

王甲本随即命马登瀛团长率领 293 团、王卓如团长率领 292 团及师部直属部队立即赶往通城。

激战幕阜山

王甲本 98 师奉命驻守幕阜山一线。

王甲本师长召开了他的幕僚们参加的军事会议，292 团团长王卓如、293 团团长马登瀛、294 团团长朱济猛、他的作战参谋、副官等。

王甲本师长分析了当前的局势，认为：

敌情：日军有精良的装备，目前主力集结湘北，已成重点攻击之势，且得空中协助。

地形：长沙以北的湘北地区，多数为山岳地带，新墙河一线有海拔 900 米的大云山，为湘北第一道屏障。汨水一线，东有腾云山，西有神鼎山，中有鸭婆山，三山相连，形成南北屏障，成为湘北第二道关口。

长（沙）岳（阳）公路两侧，有王思岩、达摩山等山脉、山地影响日军机械化部队的行动。

湘北的幕阜山，海拔1665米，武宁以南至萍乡为海拔1686米的九岭山脉和海拔1774米的罗霄山脉，萍乡以南为海拔1040米的万洋山脉。各山脉与滨湖平原高度相差300至2000米，山岳纵横、地形复杂，有利中国守军。

我方既占据了有利地势，又占了天时、地利、人和，虽然装备不如日军，日军有飞机、大炮、装备精良的枪弹，但中国军队有操作机关枪的直系军，还有挥着青龙刀的被组织起来的民众。

日军要携带各种生活用具，而我军亿万民众就是坚强后盾和大后方。

用作98师临时作战室的灯光亮到深夜。

第二天，按照军事会议确定的作战方案，98师所属的王卓如292团、马登瀛293团、朱济猛294团按时到达布防地点。

9月22日夜，日军33师团突破鄂南通城防线。王甲本率部反攻，血战竟日，终复通城。

1939年9月23日，日军第13师团从新墙河正面，奈良支队从右面压来，营田之敌又源源不断地增援，关麟征的52军被包在中间，有陷入三面被围、陷入绝境的危险。

1939年9月23日凌晨四时，战斗打响。

日军集中了80多门火炮向中国守军阵地猛烈射击，之后日军在炮火硝烟的掩护下强行渡河，中国守军从炮火的尘土中跃起奋力还击。

荣家湾、新河镇、杨林街三处阵地同时被敌人突破，日军渡过了新墙河。

国民党军队第52军第2师担任警戒阵地重任的胡春华所在的营在坚守新墙河北岸的金龙山、斗蓬山与敌激战三天三夜之后，全营将士壮烈牺牲。

守卫比家山、草鞋岭阵地的第52军第195师113团第3营，连战三昼夜，营长史恩华及全营官兵全部阵亡。

守卫幕阜山的王甲本率98师反击，与日军展开血战。

幕阜山脉绵延于长江南岸与修水之间，为鄂赣两省的界山，在通城南面的主峰高1600多米，为武汉西南部的天然屏障。

幕阜山西有粤汉铁路，南有南浔铁路，山势自西向东渐趋平缓。山脉横贯湘、鄂、赣三省。

日军出动了空军、炮兵。

阵地上炮火呼啸着划过天宇，在国民党军队阵地前炸响，敌机呼啸着，俯冲着投下炸弹，一层又一层铺天盖地地向前延伸，日军步兵主力也在炮火的掩护下向前推进。

国民党军队阵地工事被炸毁，日军还用飞机投掷了毒气弹，国民党军队在没有防毒面具的情况下只能用毛巾浸水堵住鼻子和嘴，继续战斗。

国民党军队占据有利地形与日军展开激战。

中国守军有计划地撤退到汨罗江南岸，日军继续跟进，汨罗江与新墙河相比水流湍急，爱国诗人屈原曾满含忧愤在这里投江自尽。这里江面宽阔，要想涉水过去是非常艰难的。

日军渡河部队在工兵渡河作业队通过架设浮桥，强渡汨罗江，成百上千的日军通过浮桥向中国守军阵地猛冲，但一次次的冲击，被一次次击退。

凌晨，日军到达汨罗江边。

上午九点，日军以工兵渡河作业队，以步兵为主的渡河部队，掩护日军工兵架桥渡河，日军先施放了烟幕弹，在黑沉沉的浓烟中，日军工兵开始架设浮桥，3000多步兵强行猛冲，被击退。

日军强渡失败，于是派出部分士兵装扮成难民，偷渡汨罗江到达新市，准备配合主力强渡。

下午两点，日军动用了十几架飞机狂轰滥炸掩护强渡，日军以骑兵为先锋，步兵尾随其后蜂拥而至。

步兵被中国守军击退，骑兵 300 余人却冲上了岸，王甲本命令截住上岸的骑兵。

一时间，枪炮声、马的嘶鸣响作一团。

被炮弹炸起的马匹沉沉地坠落水中，已上岸的骑兵有的被击中后摔下马来，一匹匹高头大马应声倒地，扬起的飞尘弥漫了整个天空。

300 余骑兵全部被击毙。

在骑兵后面更多的士兵蜂拥而上，在飞机大炮的掩护下向中国守军阵地袭来。

战斗一直持续到夜幕降临。

日军的攻击没有因为夜晚的降临而停息，炮火、枪弹的震响在耳边连续不断。

守军战士们在战火中穿行，时不时，一发发炮弹落在阵地上，刚才还在身边的战友霎时倒在了血泊中，或在炮火中淹没了、消失了。

1939年9月25日，日军的猛烈炮火开始攻击中国守军79军阵地，一层层的泥土被炮弹掀起再狠狠地砸在中国守军的头上脸上。在炮火的掩护下，日军向98师阵地发起了冲锋，将士们抖落了身上厚厚的尘土，严阵以待，只等王甲本的一声命令。看着越来越近的日军方阵，战士们一脸严肃，随时准备冲出去，与敌人拼个你死我活。

日军越来越近，士兵们都可以清晰地看见日军那黄色的方阵和在风中抖抖索索的太阳旗。

师长王甲本下达了攻击令。

机枪、步枪一齐向日军射击，日军步兵一排排地倒下，前进的速度开始慢了下来。

中国士兵越打越来劲，子弹一梭梭飞出去，日军的进攻被压了下去，并开始后撤。

短暂的平静之后，日军阵地上一阵尘土飞扬，日军调集了骑兵，发起了第二次冲锋。

王甲本旋即命令重机枪扫射，命令士兵们瞄准马脚射击。一匹匹日军的战马纷纷倒栽葱似的跪倒在地，发出一声绝望的哀鸣。

有的骑兵被子弹射中落下马来，那一匹匹失去主人控制的战马被打晕了头只会就地打转，然后仰天发出一阵哀哀的长嘶，疯跑着退回阵去……

日军的第二次冲锋在王甲本的指挥下再次被击退了，短暂的停息之后，日军又发起了冲锋，而且比前两次更猛、火力更强。透过硝烟，中国士兵看到日军是在强烈炮火的掩护下到阵地前来抢一具尸体。王甲本立即判断这具尸体定是日军的官佐，不然他们绝不会花这么大的代价。

王甲本命令开火，前来收尸的日军士兵一批批应声倒地，终于，日军未能抢走尸体，却又以几十具尸体作代价撤了回去。

我军从这具日军抢夺的尸体身上搜出了他的证件，还搜出了一套军用地图和几份日军电文，获知了日军的作战部署。

经过了几天几夜激烈的战斗之后，双方有了短暂的战争间隙，战争卷起的尘土纷纷隐落。

残阳如血。夕阳下的长沙城有几分恢宏，几分凝重。残阳勾勒出的城市的剪影零零落落，过去那个美丽的长沙，心目中美丽得无与伦比的形象，在眼前倾斜了，坍塌了，一阵灰飞烟灭过后，不见了踪迹……

王甲本心中禁不住涌起一阵感慨。

在 98 师的顽强抵抗下，敌人一次次猛烈的攻击最终都没有得逞。日军败退而逃。

驻守幕阜山阵地的王甲本师经过了十几个昼夜的顽强抵抗，伤亡较大。

日军逃往麦市。兵败如山倒。

王甲本率部乘胜追击。敌军窜至龙门厂，98师尾追攻击。

9月27日，敌人溃逃至长寿街，王甲本率98师穷追猛打，敌人没有喘息的机会，伤亡巨大，逃往献钟进入浏阳境内。

王甲本率 98 师在幕阜山一线与敌激战 11 天，毙敌约 2000 人。足迹遍及湘、鄂、赣三省。

第一次长沙会战后，蒋介石召开了意在总结第一次长沙会战经验教训的第一次南岳军事会议。

在这次总结会上，王甲本升任 79 军中将副军长兼 98 师师长。

1939 年 11 月 23 日，正式任命王甲本为 79 军副军长兼 98 师师长。

再战长沙

在98师的猛烈炮火下，日军士兵一排排地倒在水中，受惊的战马一阵阵嘶鸣，自水中腾空而起……被枪弹击起的水柱此起彼伏。

统领长沙外围指挥

1941 年 9 月 7 日，日军第 6 师团主力从东西北三面围攻大云山，掩护主力从正面进攻。

大云山战斗，拉开了二次长沙会战的序幕。

79 军驻扎在幕阜山，以王甲本的第 98 师，欧百川的第 82 师，龙云飞率领的暂编第 6 师 3 个师 15000 之众的兵力拦住了日军第 33 师团的进攻。

9 月 25 日，王甲本率部抵达岳麓山。到达岳麓山望城坡附近集结待命，王甲本赶往岳麓山战区指挥所报到。

第九战区司令长官薛岳面授机宜，谈了当前敌情及国民党军队的动态，令王甲本为长沙外围指挥官，以 98 师固守捞刀河、霞凝港一线。

夜里十点，王甲本返回师部。

因情况紧急，连夜召开团以上官长会议。

各团团长、师作战参谋参加会议，传达了司令长官薛岳的命令，分析了当时敌情及 98 师任务。

王甲本做出了作战部署：

命侦察连加强侦察；

命副官处主任张汉率工兵连至霞凝港作渡河准备；

以马登云 293 团防守于捞刀河附近为右翼部队，占领半永久性既设工事阵地；

以 294 团为左翼部队，进入霞凝港附近，占领既设

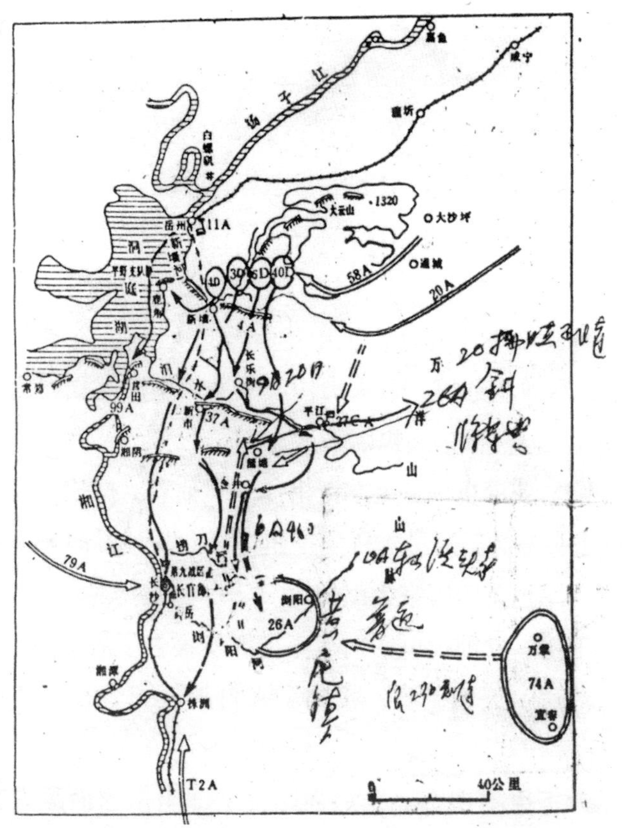

敌 11 军以 4 个师团第 2 次进攻长沙概况图（1941 年 9 月）

工事阵地；

以王卓如 292 团为师的预备队，到达捞刀河附近，并要求各部队连夜部署，拂晓前渡河完毕。

第二天，部队全部按要求到达指定地点，全部部署完毕，电话架通。

王甲本带领钟旭亲临前沿阵地察看部队部署情况。钟旭是王甲本的表弟，在捞刀河战役时，钟旭是王甲本的随行参谋。

王甲本十分强调“指挥靠前”的重要性，他常常对他的作战参谋说：“作为一个指挥员，必须到前线去，才能及时掌握战斗的进展和敌我态势，才能随时改变作战部署，才能实施灵活而有效的指挥，这样指挥战斗的失误才会少。”

到达293团阵地，王甲本视察阵地时，命增设潜伏工事，构筑交通壕。以火力构成交叉火网，互相支援，以形成据点网的形式之纵深阵地。

第二天深夜，王甲本派出侦察兵侦察，据侦察报告：日军先头部队已通过沟桥、三姐桥，向长沙方向前进中。

友军也正向罗家大山转进。

王甲本立即拨电话向战区指挥所报告了敌情。

清晨，天刚微亮，接到了来自战区司令长官薛岳的电令：

命王甲本亲率一个加强团，立即阻击当面敌人，迟滞敌军行动，以待主力集结长沙布防。

接到命令后，王甲本传令调整部署：

以预备队王卓如团为基干，直属部队配一个通信排、一个无线电班为加强团，命292团的第一营为前卫营，迅速渡河，沿高岭至洪山庙大道之左侧山地搜索攻击前进。

命292团主力部队，以战备态势沿高岭向洪山庙一线前进。

师指挥所随292团前进。

次日上午十时左右，前卫营到达洪山庙以北约十里的山地与敌展开了激战。

主力部队进入一个开阔地带，遇上了敌机的狂轰滥炸，呼啸而来的敌机，投弹、扫射，一阵接连落下的密集炸弹，炸得地动山摇，紧接着是敌机低空扫射，一时间，烟雾蔽日，数百名将士倒在血泊中。

一时间，硝烟弥漫，王甲本师长的参谋长失踪，译电员也被炸死。

钟旭和杨大强参谋隐蔽在水田旁的水沟里才幸免于死，但已是满身污泥。

在战斗最激烈的时候，王甲本不避艰险，身先士卒，深入左侧山地，侦察地形及敌情，直接指挥战斗。

王甲本命292团王卓如团长率全线官兵抢占左侧高地，猛攻敌人阵地，将敌人击溃，占领了高地，稳住了阵脚，战况转危为安。

王甲本又令副官处主任张汉至水渡河北岸待命。

当日深夜，据侦察得悉，日军第6师团松本的部队向捞刀河阵地攻击。

王甲本果断命令292团的一个营担任掩护任务，以火力袭击敌人，其余前线部队利用夜幕的掩护迅速返回捞刀河增援。

王甲本派作战参谋钟旭带2名士兵着便衣配电话机一部，前往罗家大山与友军第20军联络。

当钟旭带着2名士兵翻山越岭到达时一打听，说是上午国民党军队已从这里通过。

再到杨桥附近高地侦察，发现有敌人的骑兵在行动。

报告侦察敌情后，王甲本命令全线固守阵地。

战斗激烈地进行，日军向国民党军队 98 师发起了攻击，数度攻击都被 98 师的顽强抵抗击退。

激烈的战斗进行了两天两夜，第三日拂晓，敌人突破了捞刀河左侧阵地。

王甲本亲率 292 团反攻，日军没有想到，连续几天几夜的战斗，中国守军还有如此强的战斗力，日军败下阵去，王甲本率 292 团夺回了阵地。

下午，一股日军进攻主阵地之右侧的鹅羊山高地，王甲本命令警卫部队向鹅羊山高地进攻，日军被警卫部队击退，国民党军队占领了鹅羊山高地。

连续几昼夜指挥战斗的王甲本不顾疲劳，率 294 团向汨罗江一线追击敌人，直把敌寇追至汨罗江南岸。

捞刀河战役，98师取得辉煌战果，日军遭到沉重打击。

98 师阵亡官兵上千人，战后，在捞刀河建立陵园以记录他们的战功。

1945 年冬，阵亡官兵一千余名战士的遗骨掩埋在长沙市开福区霞凝乡戴家河村观音堂山麓，在这里修建纪念陵园。陵园坐西北朝东南，用青砖砌三孔拱门楼，门楼前有石级，门楼正上方嵌王甲本将军所题铂金大字“是为国殇”。进门为阵亡官兵墓群，全长 120 米，底宽 80 米，随山势呈梯形向上延伸。陵园中建青砖四柱亭，亭中石碑刻阵亡官兵名录。陵园顶端建花岗石纪念塔，两旁植松柏等常青树。

收复九岭

9 月的一天，日军向九岭阵地发起疯狂进攻。

九岭，位于平江与通城交界处，是武汉至长沙的咽喉要地，中国守军 21 师、98 师、82 师、180 师先后担任防守任务。

当日军向九岭进攻时，坚守前沿阵地的 21 师一个加强营奋起还击，击退日军若干次冲锋，营长壮烈牺牲后，战士们坚持战斗，以巨大的伤亡为代价守住了阵地。

短暂的歇息之后，日军再次发起了猛攻，动用了飞机、大炮狂轰滥炸，轻重机枪一齐向九岭发射，九岭一时被炸得寸草不剩，泥土掀起。

在日军猛烈的火力攻势下，九岭被日军抢占了。

王甲本 98 师换防到达九岭，为夺回九岭，王甲本亲率 2 个营冒着密集的枪弹攻上了九岭，与日军展开肉搏。在后续部队的紧密配合下，经过残酷而惨烈的战斗，收复了九岭。

九岭阵地，得而复失，失而复得，先后共出动 4 个师，坚守 2 年之久，与日军战斗百余次，歼敌千余人，破坏了日军长驱南下的计划。中国守军将士阵亡 2600 余人，58 军军长鲁道源为表彰抗日将士英勇无畏的精神，在九岭立碑，亲书“立马九岭”四个大字，并在县境南江露江山建立抗日阵亡将士之墓。

1941年9月26日，日军第4师团及早渊支队在枫林港附近击退中国军队后，沿白沙河河谷向长沙推进。

26日深夜，日军趁着夜色攻占南岸阵地。

第九战区命令：第4军向麻林市，第20军向万家铺，第58军向新安铺，第72军向路口畬，第26军向上杉市攻击。

第10军向高桥及当面之敌攻击，79军向捞刀河、湘江西岸攻击。

9月26日，王甲本率79军两个师到达长沙以西地区。接到了第九战区命令：

令“79军之第98师向捞刀河当面之敌攻击，暂6师担任湘江西岸守备，第82师控制长沙以东为预备队。”

“79军守长沙和捞刀河下游，重点保持于长沙。”

9月26日，日军第6师团在9架战机掩护下，向长沙洪山茅庙以北攻击前进，王甲本亲率一个加强团阻击，以待主力部队有充裕时间布防。此时，敌军轮番轰炸，王甲本不避艰险，亲自指挥292团强攻并抢占制高点，使敌人进攻受挫。

深夜十一时许，王甲本命令292团留一个营的兵力在此，加强对敌人火力压制并袭击敌人，自己亲率292团主力转返捞刀河主阵地，支援友军作战。

在同友军接洽时，发现敌军辎重、骡马正向杨桥方向频繁调动，王甲本判断敌军正在准备撤退，于是果断下令追击敌人。

9 月 27 日，王甲本奉命加强对武昌、岳阳间敌后方之扰乱袭击。

9 月 27 日又接到第九战区命令：

“第 79 军主力占领岳麓山阵地特须加派炮兵，一部守长沙。以上两地务须确保，不得撤退。

……我军应在长沙附近继续战斗到底，不得退出战场停止战斗。”

第三次长沙会战示意图

27 日清晨，王甲本与日军早渊支队在三窑堂、白劳铺展开了血战。

日军在飞机、大炮炮火的掩护下排山倒海般向中国守军阵地压来。王甲本师官兵奋起还击，血战半日，王甲本师伤亡较大，日军也死伤数百人。

下午，在炮火、飞机的支援下，日军突破了98师防线，南渡浏阳河攻击长沙。

1941 年 9 月 27 日，日军破译了国民党军队第九战区薛岳发布的作战命令的电文，获取了国民党军队各部队的准确位置。

他们做出了决断：日军的对敌目标是国民党军队精锐部队 74 军。这是日军的最大威胁。

于是，阿南碓矶下达了他的作战命令：

集中战场上的主要兵力，围歼第 74 军。

日军调集了第 3 师团、第 6 师团及重炮兵、坦克部队，改变任务急速南下，围攻 74 军。

令第 4 师团主力牵制住汨水南岸的 37 军，一部向春华山以西地区迂回。

令第 40 师团牵制东部山区的 26 军等部队，使这些部队不能至春华山地区，对 74 军进行增援。

9 月 27 日，中国守军正在按部署由春华山向北面的路口畲、麻林市地区进发时，左翼的 57 师与敌第 6 师团，右翼的 58 师与敌第 3 师团相遇，展开了激战。

日军出动了航空兵、野战重炮兵以及战车第 13 联队，同时还有骑兵部队。

一时间敌机在空中盘旋轰炸，重炮炮弹呼啸着落在中国守军阵地。在猛烈炮火的硝烟迷雾中，战车及骑兵如融化的冰山一般向中国守军阵地压来。

74 军在军长王耀武的指挥下英勇抗敌。

57 师前线指挥官李翰卿率 2 个团的部队在攻击春华山右侧之敌时牺牲。

27 日，余程万率领的 57 师伤亡 3000 人，伤亡过半。

58 师在春华山东北当面的战斗更为激烈。参加一线作战的两个团伤亡半数以上。

薛岳下午五时发布了新的作战命令。

主力第 74 军于 9 月 27 日乘夜间撤离了春华山一带，敌军也尾随追击。

长沙的局势随之恶化。

9 月 26 日，第九战区司令部命令：

"第79军已到达长沙以西地区，由第79军守长沙和捞刀河下游，重点保持于长沙。第74军在捞刀河上游，重点保持于沙市街。"

但是，万万没有想到的是日军第 6 师团以装备精良的 4 个师的兵力在一个漆黑之夜向第 74 军发起了攻击，王耀武的 74 军虽竭尽全力抵抗，但还是惨败。

74 军防线被突破，日军在通往长沙的前进路上如入无人之境。

守卫长沙的，此时此刻只有第 79 军先期到达的王甲本副军长率领的第 98 师。

王甲本第 98 师到达后立即占领长沙北郊 2 公里处阵地，当天晚上就与最先向长沙发动进攻的日军早渊支队交战。在与日军交战后，将敌人挡在了长沙郊外，此时他率领部队对敌人发起进攻。

战至 27 日拂晓，日军主力到达，飞机大炮轰击，王甲本 98 师防线被突破。日军早渊支队自长沙城的东北角冲入，守住新开至武城门，掩护其他部队入城。

9月27日，王甲本接到了第九战区司令薛岳发来的电令：

“加强对武昌、岳阳间敌后方之扰乱袭击。

第4、第20、第58军应不顾一切攻敌后方并断敌补给。

第72军以1师守平江，主力协同第26军向金井尾击敌人。

第79军主力占领岳麓山阵地特须加派炮兵，一部守长沙。以上两地务须确保，不得撤退。”

28日，79军暂6师到达岳麓山，接到薛岳命令：东渡湘江，驱逐进攻长沙之敌。

9月29日，中国空军轰炸黄花市的日军。副军长王甲本率98师击退东屯渡、朗梨一带之敌，进入浏阳河下游阵地。

29日，渡过湘江的赵季平暂6师向长沙城内日军发起攻击，展开巷战。日军主力到达长沙，暂6师看双方兵力悬殊过大，只好撤出长沙城。

王耀武的74军、李玉堂的第10军这两个王牌军伤亡惨重，令王甲本痛心。

这两位他一直比较佩服、比较敬重，常引为知己的黄埔将领的治军严谨、谋略过人是他常常叹服的。这次两个军的损失和失利却令他莫名惊诧。

王牌军都败下阵来，是王甲本没有想到的。

王甲本带领98师主动迎击敌人。

10月1日夜，王甲本派出的侦察兵回来报告，路口畲附近有一部日军。

王甲本带领部队乘夜出发悄悄来到路口畲，发现宿营的日军第6师团士兵们睡得正香。于是悄悄靠上，一阵猛打。一时间，机枪、步枪对着敌军的营房一阵猛射。

日军700多人在睡梦中再也没有醒来。

10月2日，王甲本带领98师在捞刀河北岸摆开阵势，乘敌早渊支队抢渡捞刀河时突然开火。

渡河刚到一半的日军一时间前进不了，不能回头。日军进入了98师的伏击圈。

在98师的猛烈炮火中，日军士兵一排排地倒在水中，受惊的战马一阵阵嘶鸣，自水中腾空而起，有些受伤的马匹在水中拼命扑腾，被枪弹击起的水柱此起彼伏。

一时间日军在捞刀河中乱作一团。

98师越打越猛，士兵们越打越来劲，越打越过瘾，很久没有打过这么痛快的仗了。

战士们越战越勇，日军被枪击中一个个沉入江底，有两名大队长被击毙。

10月5日，王甲本率98师出福临铺以西击溃日军掩护撤退的部队。

10月8日，王甲本率师渡过汨罗江，向大荆街的日军追击，日军再次撤回新墙河以北原防阵地。

战区检讨会上，王甲本因战功卓著受到长官部的嘉奖，被誉为“硬战将军”载入军事会议手册。

1941年10月16日，蒋介石在南岳召开军事会议。

这次南岳军事会议成为一次检讨会。

王甲本在这次会议上，因作战英勇而立功受奖。

鏖战磨盘洲

夕阳西下，阵地在暮色和硝烟中变得渐渐模糊起来，日军阵地上的枪声渐渐稀落。忽然传来歌声，接着看见几个日军士兵用刺刀挑着白晃晃的东西在风中飘摇。

整肃军纪

位于浏阳河下游，长沙县高塘乡桂花村（今黄兴镇桂花村）的磨盘洲，又名磨盘滩，据清光绪《善化县志》记载："县东南 25 里，东山市下滩上有大石磨，故名磨盘滩。"这是一个方圆三华里左右的河中小岛，岛上绿树环绕，有几十户人家掩藏在绿荫之中。

这个在地图上几乎找不到的弹丸小岛，历来却是兵家必争之地。这样一个小岛也未能免于这场战争的蹂躏。

在这个小岛上，日本侵略者留下了残害百姓的罪行。小岛上的"倭寇万人冢"埋葬着几百具日军的尸体，成为日军侵略中国以及中国人民抗击侵略者的历史见证。

日军沿京广线南下，四次进犯长沙，其中就有三次经过磨盘洲。

一个个血腥的日子让居住在小岛上的居民胆战心惊。

夜晚，王甲本和 98 师的将士们聆听了这个日军洗掠之后的村民们的血泪控诉。

王甲本和他的弟兄们在这种民族的仇恨和义愤中投入鏖战。

在战前动员时，王甲本激励他的官兵："我们的老百姓在受苦受难，中国大地上天天发生惨案，日本鬼子在残酷屠杀我们的同胞，这是中国人的耻辱，是中国军人的耻辱！

‘国家兴亡，匹夫有责’军人当以武力求天下太平，这是我们报国雪耻的大好时机……”

从第一次长沙会战至今，已两年了，在这两年中王甲本对他的几个团进行了整训，补充了武器兵员，各兵团具备了比较强的战斗力。另一方面，士兵们从第一次长沙会战的胜利中受到了鼓舞。跟随王甲本历经百战，战士们从王甲本身上看到了必胜的希望。

临战之前，更要整肃军纪。军官严命部下，非经许可，不得擅入民房，指定住所，凡借用物品，走时当面归还。

王甲本在全师出征动员大会上强调全师的《新军纪十条》：

一、上门板。部队借百姓家的门板宿营，离开前要替老百姓装好。

二、捆禾草。部队借老百姓家的禾草宿营，离开前替老百姓捆好归还。

三、驻地要打扫。

四、借东西要还。

五、洗澡避女人。

六、大小便找厕所。

七、乱吃乱喝坏肚肠。

八、拉夫勒索者杀。

九、奸淫妇女者杀。

十、官兵同赌者杀官。

在后来的历次作战中，98 师严守军纪，所到之处市民们感激涕零，称 98 师是民众的“保护神”。

王甲本担任 98 师师长时曾因发布“四杀”令而被怨恨者称作“王屠夫”。

在鏖战磨盘洲之前，王甲本再次重申他的“四杀”禁令：

临阵逃避者杀！无故扰民者杀！官兵同赌者杀！奸淫妇女者杀！

严守浏阳河

1941 年 12 月 20 日，79 军接到军委会命令：“军委会直辖第 79 军由衡阳立即到渌口、株洲集结，归第九战区指挥。”

当晚，79 军按时到达指定区域集结待命。

战区司令薛岳在下达了向第九战区增兵的命令之后，又对各部下达了战斗命令：“战区以浏阳河、捞刀河间地区歼灭日军为目的，限各军按命令行动：第 19 集团军总司令罗卓英指挥所于 21 日早晨由上高进驻浏阳，指挥第 26、第 79 军和第 194 师准备作战。”

12 月 30 日，接到命令：“第 79 军（附 194 师）主力由金潭向黄花市以南，一部由渡头向柞山桥攻击敌人。攻击到达第一次为东林寺、柞山桥、大托铺之线。第二次为朗梨市、东山、金岭之线。”

1941年12月30日，这是第三次长沙会战打响后的第12天，也是长沙军事形势极其紧张的一天。

日军3个师团并列向长沙以东地区进攻，第3师团除留第3联队于枫林港以北进行警备外，其余由栗桥、枫林港渡过捞刀河经牌楼铺、朗梨市、东山市进攻长沙。日军第6师团经长岭、福临铺、麻林市到达朗梨市，协同向长沙进攻。第40师团经栗山巷、长岭、天王庙、象鼻桥到达金井一带，策应第3、6师团长沙作战。

1941年12月31日夜，乘着夜色，敌军第3师团以3个联队并列，在长沙东南面约10公里的磨盘洲徒涉浏阳河，会同第6师团在空军炮火空袭的掩护下，继续南进。

12月31日，薛岳向集团军下达了总攻击命令：

“各部队从1942年元月1日子夜开始攻击，限元月4日到达第一次攻击线。”

薛岳还作了攻击总动员：

“第三次长沙会战关系国家存亡，国际局势之巨。本会战职有必死决心，必胜信心。为捕拿战机，歼灭敌人。

“职如战死，即以罗副长官代行职务，按之计划围攻敌人，总司令、军、师、团、营、连长如战死，即以副主官或次级资深主官代行职务。

“各总司令、军、师、团、营、连长倘有作战不力，贻误战机者，即按革命军人连坐法议决，决不姑宽。”（见师东兵著《薛岳三战长沙》178页）

1942年元旦前夕，日军轰炸了朗梨市、半边街、上下正街、三仙街、横街，主要街道变作了一片焦土，只有毗邻三仙街的陶公庙完好无损，人们猜测，也许是日军由于对神的敬畏而保存了这座古庙。

1942 年元旦，日军进入长沙市近郊，遭到 79 军部署在朗梨的中国守军的迎头痛击。

元月3日，日军进攻长沙的第3、6师团遭到中国守军的有力反击，伤亡巨大，日军下达了从长沙撤退的命令。

元月4日，日军在撤退前对长沙市又发动了一次猛烈的进攻。

日军的进攻遭到了 79 军的顽强抵抗。

连续 4 个昼夜的殊死搏斗，特别是和尚岭一线与日军鏖战激烈，可谓枪林弹雨，血肉横飞。

顽强的抵抗使得敌人败下阵去。

战后一清理，缴获了大批战利品，有枪炮子弹、降落伞、军旗、护身符、日军兽行照片……

79 军在陶公庙学校办了一个战利品展览，让当地百姓去观看。在陶公庙内举行了 7 个昼夜的法会，超度在此次战役中牺牲的抗日将士。坛主伍佩庵老先生亲自撰写祭文，为阵亡烈士作祭悼。还在陶公庙后山上建立了一座纪念碑，碑高 10 米。碑身如一把直指苍穹的佩剑。纪念碑用红砖砌成，四面镶汉白玉石，正面是军长夏楚中所撰写的《浏阳河战役经过》，字为阳刻填金。

日军的尸体，被集中掩埋在娇双桥侧一块荒地里，竖了一块石碑，上刻“倭寇万人冢”五个大字，后不久又迁并到南门外的“倭寇万人冢”。

1月5日深夜一点，日军撤退。

时近拂晓，敌军渡过浏阳河、捞刀河到达春华、杨桥一线。

上午八时，王甲本收到第九战区司令长官薛岳急电：“严守浏阳河，阻击北退之敌。”

王甲本下达了紧急部署：令292团设防朗梨市，由他亲自指挥；马登云率293团设防东山市。

刚刚部署完毕，由长沙南部撤退的日军第40师团到达东山市，与马登云率领的293团相遇，双方发生激战。

这是一场十分艰巨的鏖战，日军猛攻293团阵地。激烈的战斗进行到午后，293团主阵地被突破，两军展开了肉搏战。中校宋副团长挺身指挥白刃战，左肋受伤，团长马登云率领预备队反攻，击退入侵之敌，扭转了战局。

深夜十二点，当得知日军向我捞刀河阵地攻击，王甲本灵活命令：以292团一营担任阵地右侧掩护任务固守原阵地，其主力继续追击败退之敌。

日军由长沙市南门外退到朗梨市西，企图从磨盘洲渡河北逃，受到中国守军98师292团有力的堵击，几次猛攻都没有得逞。激战两日三夜，日军伤亡惨重，于是开始撤退，日军自长沙由西往东向后撤，日军大部队前进，舟桥队开始乘夜架设浮桥。

为了有效阻击日军前进，王甲本命令：拆浮桥。

沉沉的夜幕下，98师293团一位副营长带领一个排的士兵在夜幕的掩护下去拆浮桥。

当时找到了村里的罗寿爹带路深夜去拆桥，罗寿爹很害怕。

那位副营长说：“不要怕，我走在前面，你跟在后面，如果敌人开枪，我先挡住。”

夜色笼罩下的浏阳河江深水急，听不到江水的咆哮，只听到哗哗的流水声，罗寿爹领着副营长和他的士兵们来到江边。

副营长交代：不许打电筒、不许吸烟、不许划火柴、不许说话。

夜色中，远远地看见有一个日军哨兵在对面的桥头晃动，副营长掏出手枪击毙了这个哨兵。

罗寿爹迅速冲上桥头，用刀砍断了系桥的绳子。

“哗”的一声搭桥的木板全部散开，顺水漂流而下。等到日军发现枪炮齐鸣时，他们已经安全撤离。

王甲本命令 293 团阻击日寇撤退，在朗梨地区设三道防线：

第一道防线在磨盘洲和浏阳河沿岸一带；

第二道防线设在清水塘南北一线；

第三道防线在高塘坪等地。

浮桥拆除后，罗寿爹又带领这个副营长和士兵们到磨盘洲和浏阳河第一道防线乘夜挖战壕，一个晚上就挖出了一条长达数里，深 1 米多的战壕。

第二天，293 团与日军发生了激烈的交火。

日军派了3架战机前来增援，对着中国军队阵地就是一阵狂轰滥炸。一时间炮火连天，阵地上到处硝烟弥漫。

在飞机的掩护下，日军大部队强渡浏阳河，在双方激烈的战斗中，293 团不少战士在炮火的轰炸下倒在血泊中，有的战士的遗体被河水冲走，260 多名战士壮烈牺牲。

王甲本师长命令预备队 294 团全线参加战斗，惨烈的战斗一直进行到黄昏。

惨烈的战斗打了七天七夜。日军 44 师团数百人被围在了东山的杨家山墩里，与主力失去了联系。

此一仗，歼灭日军上千人。

甲本葬敌

日军借助空中优势强渡浏阳河，上了岸的日军士兵遇到了王甲本 98 师的猛烈打击。

夕阳西下，阵地在暮色和硝烟中变得渐渐模糊起来，日军阵地上的枪声渐渐稀落。忽听传来歌声，接着看见几个日军士兵用刺刀挑着白晃晃的东西在风中飘摇。此时，中国军队士兵战兴正酣，哪里管得了他们哇啦哇啦叫喊些什么，只是一阵猛打，机枪步枪一阵扫射。日军士兵喊声渐渐弱了下来。

当时一群日军正用刺刀挑着白旗唱着《吾皇治世歌》：吾皇盛世兮，千秋万代；砂砾成岩兮，遍生青苔；长治久安兮，国富民泰。

有的日军士兵唱着一首《山上的火狐》，示意投降。

“一只孤独的火狐，赤焰般地在山上奔跑；秋天的树叶，在田野里燃烧。回首遥望北海道，我的故乡路途遥遥。流浪的男儿啊，何时踏上归乡道？……”

哪想到292团战士们打得正过瘾，而且暮色苍茫之中，看不清日军举着的白旗，也听不懂日军所唱的内容，没有理解这是日军投降的信号，轻重兵器仍对着日军猛射。

日军丢下上千具尸体，乘着浓浓的夜色逃往东山、谷塘、永安。此一役，毙敌第 3 师团 18 联队长土屋镜次及其部下上千人。日军第 3 师团在中国守军的猛烈堵击下，改由被日军第6师团控制的朗梨市过河到达浏阳河以北地区。

在清扫战场时，找到了中国守军牺牲的 260 多名战士的遗体，有的被炮弹炸了双足，有的手被炸飞，有的脑浆迸裂……

战士们含着眼泪寻找着。

烈士们的遗体被集中在一起。

王甲本吩咐士兵找来了当地的百姓，一起把 260 多具战士们的遗体用船运到长沙市河西，埋葬在岳麓山。

寻找战友的中国士兵们也发现了数百具敌人的尸体，僵硬的尸骨呈现出奇形怪状，日军士兵僵硬的面部表情有的呈现出恐惧，有的忧伤，有的茫然，有的由于惊悸脸都扭曲了。

王甲本叫来作战参谋钟旭，交代去挖一个大坑把这几百具日军的尸体埋掉。

王甲本还吩咐下去，请当地的石工凿石立碑，王甲本叫秘书兼中医唐凤翥拿来纸笔，亲自写下了“倭寇万人冢”五个大字，叫石工刻上，让后人记住日军的罪行。

1945年日本战败投降归国之时，许多日本官兵经过长沙，看到王甲本埋葬日寇的“倭寇万人冢”时都见墓感恩。

40年后，日本著名诗人悴子、加贺之千代、高桑渡边等写下了思念当年战死中国战场的亲人的诗作，其中有一首：

阳明瘗旅，县名修文。
甲本葬敌，德感日本。
五千年中华文明，二王一以贯之。
（二王：指王阳明、王甲本）

诗中讲的是明正德四年（1509）秋，一位自京城到南方赴任的官吏带着他的儿子和仆人，长途跋涉，当来到贵州修文县，因长途劳累和瘴疠的侵袭，官吏死了，儿子和仆人守着他痛哭，不知该怎么办，傍晚，他的儿子也死了，第二日，仆人也死了，3人惨死。当时正被朝廷贬官到贵州修文，住在阳明洞的王阳明带着他的童子，亲自把3位客死异乡、素不相识的死者掩埋，还写下了悲叹人生与命运的《瘗旅文》。

甲本葬敌之事传到日本，日本民众为之感动，把他与古人王阳明埋葬客死异乡之人的仁义之举相提并论，公认王甲本之举体现了中华文明中的“仁”，没有让日军士兵抛尸荒野。

战地记者眼中的王甲本

第三次长沙会战以日军的重大伤亡而告结束，中国军队取得了长沙大捷。

三次会战大捷之后，第九战区在岳麓山召开了庆功会。

庆功会在岳麓山临时搭建的礼堂中举行，礼堂主席台上，挂着孙中山、蒋介石的巨幅画像。会场左右两侧，分别挂着《作战经过示意图》《敌我伤亡显示图》。

王甲本跟随其他各部长官们进入礼堂。参加会议的有湖南省、长沙市的党政各界要员、社会各界人士，以及参战各部队官兵近万人。

首先是追悼阵亡的官兵们，第九战区司令薛岳盛赞了阵亡将士功绩，最后是一队士兵列队对天举枪齐鸣。

会上对作战有功的各部队进行表彰嘉奖。

会后，王甲本随同悼念的人群来到了岳麓山烈士墓向阵亡将士牌位三鞠躬。

庆功大会之后，王甲本带领随同副官参谋们来到了捞刀河“抗日阵亡官兵”之陵悼念长沙之战中牺牲的一千多名曾跟随他转战南北的士兵们。

王甲本亲自为英雄们的亡灵敬献花圈，肃立默哀，凭吊之时，禁不住声泪俱下。

在这次作战中，98 师抓到了不少战俘。

这是一个临时的日军战俘收容所。

身着黄军衣，足蹬皮靴，头上戴着战斗帽的“日本鬼子”，一个个无精打采，有的军官虽依旧表现出一种骄横、傲慢的架势，但目光中却流露着空虚与迷茫。

“不准喧哗！

不准吸烟！

不准向外张望！

不准随便走动！

不准两人以上同时上厕所！

有事要报告！

……”

临时收容所交代的“八不准”，日军战俘们木然地听着，他们都面无表情，空空的目光木然地望向远方。

有的战俘目光中流露出对死亡的恐惧，有的绝望地叹着气。

他们感受到了死神降临前的绝望与恐惧。

半夜中，有人起来念叨，有人哭喊。

在他们看来，进入到这个临时收容所，那肯定是性命难保。

他们想起了在中国土地上所作的恶，他们的双手沾满了中国人的血，即便不是这些军人，就是地下的那些冤魂也会成群结队要他们的命。

他们失魂落魄地熬着，曾经神气十足的“洋鬼子”如今成了任人宰割的“阶下囚”。

他们中有旅团长、大队长、小队长，他们比那些普通战士更傲慢，他们仍在靠“武士道”精神支撑着。

他们被编了号，没有了名字，平时都被叫着号：

“1号、3号、5号、6号……”

日军战俘没有想到的是，中国军人虽然见到他们时十分愤怒，但是对待俘虏，却从来不搜腰包，不没收个人物品。

这里没有拷打，没有尖叫。

王甲本吩咐，不许打骂俘虏，不许虐待俘虏，把他们由魔鬼改造成人，才是我们更大的胜利。

他们的条件是优越的，此时还是寒冬，王甲本命令给他们发了棉袍，他们还可以打打牌，下下象棋。

受了优待的俘虏们有的开始在心中忏悔，忏悔自己在中国这块土地上犯下的滔天罪行。

在这些战俘的心中，良心开始慢慢地复苏。

他们切身地感受着中华民族的优秀气质。

他们是战俘，但这些中国军人却把他们当人。

他们的心里，由战战兢兢变得越来越踏实。

中国军人还组织他们学习，教他们如何做人。

不少中国士兵不理解对日军战俘的优待，为了逮住这些俘虏，他们的不少战友牺牲了，一想到这些刽子手在中国作的恶，就恨不得杀了他们。

王甲本告诉战士们，要让这些日军战俘成为“人”，这是一个艰难的过程，但是，中国军人要下定决心改造他们，这是另一场战斗，一场没有硝烟的战斗。

当年的战地记者赵延年曾到这个战俘收容所采写过报道，多年以后他还能忆起这段经历。1985 年，他写了一篇《两张战俘的速写》，刊发在 1985 年 9 月 4 日的《杭州日报》。回忆这段经历，文章这样写道：

为了寻点资料，翻箱倒柜地找，无意中看到了两张速写，使我深深地堕入四十余年前的往事回忆之中。

1942 年 2 月，正是除夕之夜，我随刘仑先生作为第七战区战地写生队离韶关赴长沙前线。这时，第三次长沙会战刚刚结束，我们到达时满目皆是战火的残迹。

这次会战是在长沙城廓进行的。我们到了曾经战斗得十分激烈的羊古脑等地，访问了坚守该地的部队，见到了王甲本将军（他是云南人，时任副军长兼师长，后牺牲在湘桂战役之中）。我们在前线画了一批战士形象和战场遗址，还到俘虏管理所去画过俘虏生活。我们的这批作品曾在长沙、桂林、韶关等地展出过。

经过四十余年的种种动乱和变迁，我的这批画几乎全遗失了，剩下的唯有这两张战俘速写，一张是他们在打纸牌，他们穿的都是我们发的大棉袍，在地铺上无聊地消磨时间；另一张是一个个头像，我要他们各人自己签上名，听说这些人中有的是职业军人，有的是征召来的预备役——

战俘头像

战俘在打牌

在乡军人，别看他们在画上是驯服的，他们都是用刀与火在我国犯下罪行。

今天看到这两张画时，我不由得想到这些人有的恐怕已不在人世，活着的现在又在干什么？有的人可能又曾来过我国，他是在为日中友好而努力，还是在衣冠楚楚的躯体里，包藏着一个复仇的灵魂？对我来说，直到如今，总不能不想到这场使我家破人亡的战争，但是，今天我也相信，如若再有敌人胆敢来侵犯我们，必将和这两张速写中的战俘一样，成为我们的手下败将。

还是这位叫赵延年的我国现代木刻艺术大师，67岁时获得中国版画界最高荣誉——中国新兴版画杰出贡献奖，抗战年代曾参加中华全国木刻界抗敌协会，以手中的刻刀，直剖世态冷暖苦难，以木刻作为一种战斗武器去唤醒麻木的中国人，与社会上的一切黑暗和不公正做斗争。这位曾创作过《鲁迅》《起来，饥寒交迫的奴隶》《为了解放》《白求恩大夫》等一系列出色肖像画的著名木刻艺术大师，回忆起当年他在抗战期间的一段经历，这段经历被收在了《倾听：画家》这篇由肖尧整理的作品中，老人这样回忆道：

1942年初，我参加了一个由三人组成的战地写生队，到长沙会战前线作了一个多月的战地写生。因为赶时间，我们是坐年三十的夜班火车去的。到目的地一看，不久前还是血肉横飞，现在已变得静悄悄。在一个叫“羊古脑”的地方，士兵们指着一条宽不足两米的土堤告诉我们，就在这里，中日两国军队隔着小堤恶战一场，双方死伤惨重。在79军98师师部，我们见到了滇军的王甲本师长，他硬朗、豪爽的谈笑，极具感染力。两年后，已是79军军长的他牺牲在了湘桂抗战前线，现在的书里还有关于他的记载……我们去日军俘虏营里写生。屋子里俘虏们有的躺着抽烟，有的聚在一起玩纸牌，一副安闲的样子。看守的士兵说，这些俘虏刚来的时候可不是这样，想方设法要自杀，有的用拳头砸自己的生殖器，有的把筷子插进鼻孔往墙上撞，很是“武士道”。那些日本兵看上去也是同我们差不多的年轻人，有一个叫相川丰茂的眉清目秀，我印象很深，我们画了他们的像要他们签字，他们提笔写的，都是汉字。我画了近百张写生，回来在湘赣各地巡展，到现在还剩下两幅有日本俘虏兵亲笔签名的速写。

这位老人在以后不同的年代写就的回忆文章中都多次提到了王甲本，可见，王甲本与他的这次见面给他留下了深刻的印象。

王甲本给战地记者留下深刻印象的还有另一次采访，那是鄂西会战胜利之后的一次采访。鄂西会战取得胜利的消息一传出，全国上下为之振奋，全国各大报刊的记者争相采访报道参战部队。

另一位战地记者，也在他当年写下的报道中写到王甲本，这位战地记者就是《文汇报》的资深记者谢蔚明，这位已 80 多岁的老人回忆起鄂西会战后他采访王甲本时的经历，至今还记忆犹新。

谢蔚明，原名谢未泯，安徽桐城人。鄂西抗战时，当时只有 20 多岁的他已在湖北恩施任《武汉日报》采访主任、《新湖北日报》通讯室主任。当年他参加了鄂西大捷的采访报道。

谢蔚明在一篇题为《记者节的沧桑》的发表在网络上的文章中记述了那段经历：

> 1943 年鄂西会战大捷，重庆《新华日报》和《大公报》派记者前来采访。在松滋县刘家场 79 军王甲本军长指挥所，我与《大公报》记者朱启平不期而遇，并且一道深入民间采访老百姓英勇杀敌的事迹和日寇的暴行。启平在太平洋战场上，随同美军逐岛反攻；日本战败，在东京湾美舰上签降之日，他以亲身经历，写下传世之作《落日》……

当年他们采访的人物很多，有高级将领、普通士兵、当地的老百姓……而他在60年后只回忆得起王甲本。

鄂西会战建奇功

战机，来得快，去得快，来去匆匆，稍纵即逝。

王甲本果断做出决定，向宜都渡江撤退之敌发起攻击，随即做出了战斗部署：

以龚传文率194师为右翼部队……

激烈的战斗从拂晓拉开了序幕……

驰援鄂西

1943 年 2 月中旬，日军第 11 军组建了 5 个师团、1 个独立混成旅团 10 万余人，以洪湖北侧的峰口为中心，分四路由南、北、西三个方向对中国守军进行大规模“围剿”，为大部队渡江扫清障碍。

守军 12 师因没有充分的战前准备及被内奸出卖，部队被击溃，师长被俘。

日军开始进攻宜昌，意图打通宜汉段长江航道。

鄂西会战拉开了序幕。

中国军队方面，此时参加鄂西会战的是第六战区，指挥官为第六战区司令长官陈诚和长江上游江防司令吴奇伟。

1943 年 3 月 8 日，日寇渡过长江，向南岸的中国守军发起了大规模的进攻。

3 月 13 日，日军先后攻占了弥陀寺、藕池口、石首、华容一带。

1943 年 3 月 17 日，王甲本副军长升任军长，副军长郭礼伯、甘登俊，79 军下辖向敏思 98 师、龚传文 194 师、赵季平暂 6 师。

1943 年 4 月 9 日，日军发动了鄂西会战。

已派往云南任中国远征军总司令的陈诚 5 月间奉令飞回恩施指挥鄂西会战。

第 33 集团军之 79 军作为机动部队支援各部作战。

要求各部坚强抵抗，不断消耗敌人，并将敌诱至渔洋关、石牌要塞之间，在大江西岸将敌人歼灭。

此时，王甲本 79 军、王耀武 74 军两个王牌军集结于石门地区。

5 月 16 日，宜昌西岸及江北宜都古老背附近敌军逐渐增加，遂成攻击江防军之势，石牌要塞的中国守军迎战敌人。王甲本率 79 军正从湖南石门向鄂西急进，王耀武 74 军也在向鄂西进发途中，第 10 集团军在清江以南与敌周旋。

王甲本 79 军作为第六战区第 33 集团军所辖部队被重庆军事委员会指定为机动部队，于赣、湘、鄂三省之间驰骋，支援各部队作战。

当时国民革命军实行“三三制”的编制，即军辖 3 个师，师辖 3 个团，团辖 3 个营，营辖 3 个连，连辖 3 个排，排辖 3 个班；每个班编制 12 人，排 38 人，连 116 人，营 350 人，团 1056 人，师 3717 人，军 9516 人（其中军官 768 人，士兵 8748 人）。王甲本率领的 79 军共有 3 个师，共 9000 余人。

鄂西会战开始，王甲本军长接到军委会命令：

“着该军克日兼程驰援鄂西会战，限 6 日之内到达湖北五峰县以东地区，堵击由宜都向渔洋关进犯之敌。”

此时，79 军所辖 194 师驻扎在湖南汉寿，军部和 98 师驻湖南益阳，暂 6 师驻湖南宁乡。

接到军委会的命令后，王甲本军长令龚传文率194师由湖南汉寿驻地，军部及向敏思率98师由湖南益阳，赵季平暂6师由湖南宁乡各驻地同时出发，以龚传文194师为先头部队，经常德、石门向湖北五峰前进。

军行6日到达渔洋关以西地区待命。

按照军委会的命令，79军各部队千里急行军按要求赶到了指定作战地点。

鄂西会战，这是他就任军长以来指挥的第一场战役，42岁的王甲本，已经有无数辉煌的战绩和丰富的作战经验了。

王甲本仔细分析了地形情况和战斗情况。

鄂西，这是一个历朝历代战火不断的地区。

鄂西地区地势险要，宜昌至三斗坪、茅平一线，山路崎岖，不利于人马及大部队通行，这一地区利于防守，可以达到"一夫当关，万夫莫开"的境地，这里设有永久性工事。

长阳至三斗坪一带，虽是川、鄂、湘的主要通道，人马、大部队可以通行，但其中险要重重，利于固守，有的深谷两岸是悬崖绝壁，直线距离往往相距很短，可以遥相呼应，部队进入谷底犹如置身井底一般，绝壁上有许多可供掩体的小洞。这一带除有部分永久性工事外，可以利用悬崖绝壁上的天然山洞，作为机枪掩体。

长阳至野山关一段，则地势更为险峻，且有临时简单的工事。

自宜昌沿江而上的日军，因中国军队依地势而踞的奋力抵抗，被阻于宜昌以西地区不能动弹。

至渔洋关之敌也因地势险要望而生畏，停止前进。日军主力由长阳进至长达十余里的悬崖绝壁的山谷地段，遭遇中国守军飞机轰炸以及从悬崖绝壁上射出的枪弹，死伤千人，败退而逃。

王甲本率79军开到五峰以东地区，向渔洋关及野山关进犯的日军，闻知王甲本79军已到达五峰东部地区，也相继撤退。

察觉到敌人撤退，战区指挥部命令 79 军：

“急向宜都溃退之敌追击。”

王甲本立即命令跟踪追击。

当追到宜都肖家岩时，得知日军 800 余人已在前一日退往枝江，而此时宜都县城附近的日军约万人，正在渡江向白洋撤退。

多好的歼敌机会！王甲本深知，兵败如山倒，溃败之敌，犹如惊弓之鸟，千军万马变成了一盘散沙。快速勇猛的追击，乘胜发展胜利，扩大战果，稍一停顿就会坐失良机，就会给敌人喘息还手的机会。

战机，来得快，去得快，来去匆匆，稍纵即逝。

王甲本果断做出决定，向宜都渡江撤退之敌发起攻击。随即做出了战斗部署：

以龚传文率 194 师为右翼部队，向宜都江边往白塔山、三里店一带之敌攻击前进；

以向敏思率98师为左翼部队，向宜都三里店以西五里店至长阳河右岸之敌攻击前进。

194师、98师两个师的战斗地点为宜都城北江边、三里店、滥泥冲一线。

赵季平暂6师为军预备队，驻扎于肖家岩附近。

军部设于狮子山南麓。

激烈的战斗从拂晓拉开了序幕。

左翼、右翼部队与敌展开激战，日军反复冲杀三次。

红色的火焰和黑色的硝烟在升腾，已然辨不清目标了。

战士们凭着经验来命中目标。

子弹打中了人的身体，立刻起火。

遇难者在地上翻滚。

一时间，刺刀相击，寒光相映，枪弹对射，鲜血四溅，喊杀声、刺刀的撞击声、枪弹炸响的声音响作一团。

勇士们在与敌人厮打着、拼杀着，有的抱作一团在战壕里翻滚。

黑沉沉的夜雾笼罩着，枪声渐渐稀落，扑上来的敌人丢下无数的尸体退了下去。

其中，以龚传文194师在白塔山之争最为惨烈。

很有作战经验的师长龚传文亲临前线指挥白塔山战斗。

在三次白塔山反击战斗中，194师582团第3营少校营长林玉豪壮烈牺牲，第3营伤亡惨重。

战至午后，已渡过江退到白洋之敌又折回头过江增援，激烈的战斗一直进行到第二天早晨。

退向枝城方向的日军独立第 17 旅团也赶来增援。

两股增援的日军在肖家岩、滥泥冲、狮子山一线展开包围，敌军黑压压的一片向着 79 军袭来。

79 军军部遭到敌军袭击而后撤。

与 79 军正面交火的宜都一线之敌也大举反攻，形成了对 79 军三面夹击的态势。

上空也有日军派来的飞机狂轰滥炸。

形势十分严峻。

军部与第一线的 194 师、98 师失去联系。

通信设备的落后让王甲本军长叫苦不迭。

王甲本急令小队骑兵穿越战场到第一线送达军部命令：

“令龚传文 194 师、向敏思 98 师各留一半兵力死守原阵地，其余兵力集中击溃滥泥冲、肖家岩一线赶来增援之敌，打开缺口。

令暂 6 师即行前往增援。”

所幸的是，在第一线的向敏思 98 师与龚传文 194 师两个师之间的电话还能联系上，两位师长商定，按照王军长的命令，第一线各留一半兵力死守阵地，其余兵力集中先击溃滥泥冲、肖家岩救援之敌，打开一个缺口。

部队经过 3 个多小时的激烈奋战，终于在敌人包围圈打开了一个缺口，冲出重围。

三个师的奋勇激战，终于化险为夷，缓和了战场态势。

乘胜追击

王甲本军长率军部回到原驻地肖家岩，指挥三个师的兵力向日军包围，奋战到午夜，前来增援的日军独立第17旅团被全线击溃，扔下不少尸体向枝江撤退。部分宜都之敌也匆匆忙忙利用船只渡江而逃，主力由宜都沿江岸向枝江撤退。

战至深夜四时，连续几天的战斗以79军的辉煌战果而宣告结束。

王甲本率79军的98师和194师主力在宜都城郊一条狭长的山谷中将日军第13师团包围，围歼大半。

5月31日，伤亡惨重的日军全线动摇，中国守军乘胜前进，猛烈追击敌人。连日作战的日军在中国守军的奋勇追击之下仓皇溃退，沿途都是扔下的伤兵、骡马、武器。

在黎树垴、聂家河一线，敌第13师团3000余人被王甲本79军的龚传文194师及向敏思的98师主力围困在宜都城郊的狭小地区，动弹不得。

渡河东逃的日军在渡河时遭到了王甲本79军两个师的猛烈攻击，大批日军在仓皇之中葬身江中，辎重队的大量物资沉入江心。一时间，兵马车队乱作一团。

6月6日，宜都城郊的日军向王甲本79军的龚传文194师及向敏思的98师正面攻击，意图突围，194师与日军展开了激战。在这次战斗中日军施放了大量毒气，战斗异常激烈。

王甲本命令赵季平的暂6师赶来增援。

暂6师距离太远，还未等到援军到达，终因寡不敌众，194师阵线被突破。等赵季平率暂6师赶到时，日军已突破194师防线到达肖家岩、聂家河附近地区。赵季平赶到后，王甲本军长令其机动作战。

6月7日夜，乘日军不备，暂6师乘夜袭击了日军13师团司令部，日军师团长赤鹿理失踪。

王甲本军长命令暂6师、98师及194师乘胜追击。

6月12日，王甲本军长亲率194师先后攻克松滋县城附近的磨盘洲、新江口。

6月17日，王甲本军长率194师占领斑竹垱、米积台。之后继续挺进，收复陡湖堤，围攻华容、石首、藕池口、弥陀寺的日军。至此，恢复了战前态势。

79军为整个鄂西会战的胜利打下了关键的几仗，这也是王甲本就任军长以来参加的第一个战役中打的几场漂亮仗。

战后，王甲本因在此次战役中灵活指挥战斗取得胜利，赢得时间，而受到了军委会的表扬。

鄂西大捷之后，1943年6月20日，陈诚在恩施开了一个庆祝“鄂西大捷”的大会。

会上，表彰大批有功将士，授予国民政府的最高奖励“青天白日勋章”。

王甲本作为作战有功将领，被授予“二等云麾”勋章。

鄂西会战结束后，湘鄂西各界为王甲本 79 军送来了书有“我武惟扬”的旌旗一面。

战常德，渡澧水

王甲本79军部署一部分兵力逐次抵抗，消耗敌人兵力，掩护主力占领方石坪、煖水街、刘家场一线阵地……

其余部队也相继到达主阵地，筑起一道坚固的防线。

坚守煖水街

1943年夏，日军迅速组织了5个师团、4个支队共8万余人的兵力和130余架飞机，在第11军司令横山勇的指挥下，向常德地区的中国军队发动进攻。

日军第11军在三次长沙会战中屡战屡败，企图在此次常德会战中洗雪耻辱。

中国军队集中了28个师近20万的兵力和100余架飞机，在第六战区司令长官孙连仲的统一指挥下，抗击日军的进攻。

1943年10月，王甲本率79军参加常德战役，分别由沙市、岳阳渡过长江和湘江，对大举向鄂西和湘北常德地区侵犯的日军展开了为期50余天的激战。

王甲本79军作为久负盛名的部队，与第66军作为第10集团的两支劲旅，成为常德会战主战场的主要防御部队。

当时的王甲本79军归第10集团军王敬久指挥。

11月2日，常德会战拉开序幕。

日军第11军的进攻，开始于1943年11月2日傍晚。

11月2日，日军在飞机轰炸的掩护下，乘汽艇分十二路发起进攻。

进攻常德的日军目的在于攻占常德，威胁长沙，其作战规模并不亚于鄂西会战。

王甲本率部参加了常德会战

参加常德会战的中国守军第六战区部队为第10集团军的方靖66军、王甲本79军，第26集团军的75军、32军，第29集团军的44军、73军，第33集团军的59军、77军以及江防军18军、30军、86军等部队。

王甲本的79军作为第六战区第10集团军的一部，布防于甘家厂、公安、新江口、宜都一线担任守备。

日军刚进攻开始就遭到了驻守的73军、79军的猛烈抗击。

日军第13师团从沙市附近地区向西发动进攻，渡过松滋河，南下经磨盘洲、大林市。

当日军到达街河市时，与中国守军相遇，经短暂的战斗后向西前进。

接到战区指示，第10集团军正在一线上的部队：王甲本79军的暂6师，及向敏思的第98师，依托既设阵地，渐次坚强抵抗。

战区命令："对安乡尽可能保有之，至万不得已时，可留一小部于敌后尾击、侧击，主力退守汇口、孟家溪、街河市、斯家厂、洋溪之线继续坚持抵抗。"

11月3日至6日，中国守军一线部队先后于南县、官垱、甘家厂、公安、磨盘洲、新江口之线及大堰垱、张家厂、街河市、西斋等地附近展开，对日军进行还击。

王甲本79军部署一部分兵力逐次抵抗，消耗敌人兵力，掩护主力占领方石坪、煖水街、刘家场一线阵地。

王甲本79军暂6师在街河市与敌人展开巷战对抗。

79军的向敏思98师留置张家厂坚守阵地的一个连与敌人展开搏斗，敌人在伤亡惨重的情况下仍凭借优势兵力和良好的装备突破了中国守军79军的防线。

王甲本79军坚持与敌血战。

其余作战部队也相继到达主阵地，筑起一道坚固的防线。

11月6日，坚守煖水街一线的王甲本79军194师与日军在附近地区的蒋家坪、遇儿坪、马踏溪、芭蕉溪发生数次激战。

11月7日，日军司令部驻扎在煖水街，师团作战参谋樱井三郎中佐与2名士兵赶往距驻地5公里的火岭铺第65联队的途中，遇到王甲本79军小股部队的袭击，樱井三郎等2名日军被击毙，79军缴获了敌人的大量军事资料。日军发现后，急派大量的骑兵来抢夺资料，没有达到目的。

日军 116 师团渡过雾气河发动进攻，在渡河中日军运用了轻重机枪、掷弹筒、步炮、山炮、迫击炮等火力掩护渡河。

中国守军利用河堤筑成工事奋起抵抗，当日军猛烈进攻时，守军掘开了部分河堤。

河堤沿岸变成了汪洋和沼泽。

日军则集中炮火掩护船只渡河，日军占领了红庙。

11 月 7 日，第一线兵团王甲本 79 军及友军在王家畈、煖水街、红庙一线防守。

以第 74 军为主的二线兵团仍在运动中，抢占后方桃源等要地。

日军渡江集结完毕，以第 3、13、39、68 这四个师团主力以及第 40、58 师团的部分部队向中国守军展开了全线进攻。

战局骤变

日军 39 师团兵分多路，中国守军 44 军被迫展开阵线堵漏。

但是 44 军展开的阵线太长。

1943 年 11 月 7 日上午，正当第一线的第 79 军暂 6 师因伤亡过重而撤退的时候，王敬久总司令电令前线各部奋勇战斗，恢复阵地。

命令：坚守 3 天。

79 军暂 6 师在街河市与敌激战 4 日后，退入第 10 集团军主阵地的中枢——煖水街。

王甲本令 98 师与 194 师抗击当面之敌。

79 军已形成了以煖水街为核心的防御态势。

此时，蒋委员长在遥远的埃及首都开罗电令王敬久以煖水街为重点，击破当面之敌。

第六战区防御地区以石牌要塞为核心，死守自长沙入川的门户，第六战区半数为国民党军队中央军的精锐部队，其余部队在地方军中也是赫赫有名。

委员长的破敌方针虽然正确，但他在当时的情况下忽视了一个致命的问题，那就是：当面的日军数量过大，国民党军队只有第六战区第 10 集团军的 66 军、王甲本的 79 军，2 个军共 5 个师 3 万人，而日军是第 13、39、68 三个师团，共 4 万多兵力。

兵力的悬殊使第 10 集团军的 66 军、王甲本的 79 军难以集中突破。

此时，接到了“固守煖水街三日”的电令，却没有派出援军。

反而将第 26、32 集团军运用于荆州当阳一带，直接袭击当面日军，意图威胁敌人后方，以达到“围魏救赵”。

但是，这个决策却延迟了援军进援的时机。

11 月 8 日，战斗进行得十分惨烈。

国民党精锐部队 79 军与数倍于己的敌军展开激战，

在湖南东安山口铺，王甲本军长与副官吴镇科合葬墓。

在战场态势于己极为不利的条件下，打出了国威。

日军不得不调头而去。

此时，另外 2 个集团军也和日军展开了血战。

兵力悬殊，全线崩溃只是迟早的事。

但仍然没有增派援军的迹象。

此时王敬久的第 10 集团军，只有方靖的 66 军和王甲本 79 军的 5 个师与敌人的 2 个师团在作战。

王甲本以赵季平暂 6 师为煖水街作战的防卫部队，担任诱引日军的任务，其余 2 个师（向敏思 98 师、龚传文 194 师）且战且退，将日军诱入煖水街阵地周围，以配合王敬久总司令的攻守防御战术，以煖水街阵地为核心，将日军诱引到三角地带，合围歼灭。

11 月 9 日，果然不出所料，日军 39 师团凭借着优势兵力大举朝煖水街进攻。

王甲本命暂6师抵抗。

暂6师击退了敌人的多次进攻。

正面进攻没有得逞，日军转攻煖水街侧面。部队源源不断地从煖水街侧翼涌来，那真是“如波逐浪，涌进不已”。

此时，防守煖水街的仅有第10集团军的四个师，即王甲本的98师、194师和方靖66军手下的185师、199师。

守军采取了“不以一镇一地之得失，专寻敌人野战部队攻击”的战斗方略。

王甲本令龚传文率194师配合第66军的199师协同作战，阻击日军的侧击行动，再出战夹击。

日军攻击侧翼部队也未得逞。

日军39师团再次发起攻击。

王甲本大胆命令让开正面，避敌锋芒，攻防并用，诱敌深入。

日军一路突进，遭到方靖66军185师的迎头攻击。

日军被挡在了煖水街的侧面。

在煖水街主阵地，79军暂6师赵季平师长死守核心阵地。

惨烈的战斗在大雨中进行，日军妄想通过恶劣的天气突破暂6师的防线。

此时的大雨无休无止地下着，连天连夜的战斗，使得战士们的体力消耗很大。

但这些并未影响赵季平暂6师的顽强抵抗。

战士们的脸上、身上满是污泥。

有的战壕被山洪冲垮了，他们用血肉之躯顶住了敌人的一次次进攻。

一次次攻击没有进展，令日军大为惊诧，中国军人的坚韧也让日军吃惊。

战区司令部命令他们守 3 天，而王甲本 79 军面对一倍以上敌人的进攻，坚守了 6 天。

坚强的抵抗致使日军无法按计划进抵常德。

为争取外线，9 日，王甲本率 79 军转移到正面的河口、子良坪一线。

11 月 11 日，日军以联队兵力突进，企图冲散第 10 集团军的防线。

日军第 104 联队与王甲本 79 军的 194 师相遇。

王甲本令龚传文师长采取攻防并用的战略将日军 104 联队包围起来。

11 月 11 日，西进的日军 13 师团在马踏溪、赤溪河、子良坪被 79 军 194 师包围于河口、木耳山附近，敌人死伤无数。

王甲本命令予以猛烈打击，将其全部歼灭。

情急之中的日军用了整个 13 师团全部的兵力来救援才使 104 联队逃出包围。

此时，敌第 13 师团主力从新门寺方向杀来增援。

被围的敌第 3 师团得以逃脱。

王甲本率 79 军于马踏溪、河口、二方坪、巴巴铺、渔洋关、子良坪之间的地区，机动歼敌。

11 月 12 日，日军逃窜到太平街、河口、子良坪、王家畈、肖家岩、宜都一带时，被王甲本率 79 军围攻于崇山峻岭之中，暴风骤雨般的枪炮声昼夜未停。

这是一场王甲本认为最过瘾的战斗，79 军利用有利地形歼灭敌人。

11 月 15 日，王甲本率 79 军尾追敌后，先后攻克了太平街、曾家垭、河口、子良坪等处，继续向天门垭、螺丝坝、石门攻击前进，王甲本命令设伏，歼敌无数。

11月17日，日军第3、第13师团渡过澧水南下，迫近辛家台、大岩厂、南岳寺一线以及慈利东北附近地区。

19 日，战区令 79 军举全力先向石门、慈利间地区挺进，越过澧水南岸攻击敌之侧背。

79 军排除万难，于石门以西强渡澧水，进至慈利东南地区。

11 月 21 日，按照王甲本将军的命令，龚传文少将率领第 194 师到达桐子溪一带，向敏思少将率第 98 师到达柳溪口北岸、东岳关地区，赵季平少将率暂 6 师向桐子溪急速前进。

11 月下旬，王甲本 79 军于太浮山迤西潘家铺、五通市间，猛攻敌之侧背。

11 月 26 日，第六战区部署转移攻势。

王甲本接到战区命令向羊毛滩、石板滩之间的地区挺进，向敌人侧背发起猛烈攻击。

11 月 26 日，王甲本军长率部越过澧水，直指太浮山日军第 13 师团侧背，意图收复慈利外围原第 74 军的主阵地：明目山。

此时，日军第3师团进击漆家河以东配合空降部队向常德南面突进，截断了中国守军后方交通线；日军116师团、68师团抵达常德地区，向守城的国民党军队74军的57师发起猛攻，57师奋勇还击，在激战数日之后退守城垣。

至 25 日，常德城已陷入日军的包围之中。

坚守常德的中国守军是最负盛名、战绩最辉煌的王耀武 74 军余程万的 57 师，余程万率师与敌血战数日，伤亡惨重仍立誓死守常德。敌机轰炸不断，不断向城内施放毒气，常德城内满街遍是尸体，守城的官兵集中了所有能战斗的人员抵御着日军一次次的轰炸和进攻。

为解救常德的忠勇之士，战区孙连仲长官电令第 10 集团军王敬久总司令冒险出奇兵。

王敬久下令：由攻击敌第 39 师团中的 2 个师中各抽出一个团，向敌人后背进攻。

同时，派出空军给坚守常德的中国守军空投物资，但城内的守军仅收到步枪子弹 6000 发，而且这些子弹大多是一些变了形不能使用的子弹。

杯水车薪，援军及空中支援哪里能解常德之围。

美丽的常德陷入了一片火海。

阵地被毁，城垣被突破。

11 月 27 日，战斗到了白热化的程度。此时，一意要将常德攻下的日军动用了轰炸机狂轰滥炸，在飞机轰炸的掩护下全力猛攻。

日军还使用了毒气，一种淡黄色的气体在中国守军阵地上空弥漫,毫无准备的中国守军有无数战士中毒身亡。

此时日军还大量投掷燃烧弹，城区一片火海。

中国守军装备差，且弹药补给不足，伤亡惨重，壮烈空前。

11 月 13 日，王甲本率部进出澧县、新安之间，经过数次激烈战斗，肃清了该地区残敌，到达澧县、新安、大堰垱间地区集结待命。

此时侦察发现，日军残留部队数千人在澧水南岸。

11 月 15 日，王甲本果断率 79 军向合江、新安以南的日军进攻，炸毁了日军留置于新安的船艇。79 军的猛然进攻打得日军措手不及，五六千日军仓皇应战，但面对 79 军的猛烈攻势，日军死伤数百人后溃逃，因新安附近浮桥船艇被炸，日军一部被 79 军阻于津、澧以南地区，大部分被围困在新安西南之间的铜山山脉附近无法逃逸。

11 月 25 日，王甲本率部向澧县、孟溪市、彭家厂附近前进。

11 月 28 日，王甲本 79 军与日军第 3 师团四五千人在羊毛滩、五通市、官桥之间的地区展开了拉锯战。王甲本命 98 师、194 师、暂 6 师全线猛攻，占领了潘家铺，日军仓皇逃往临澧方向。此次战役，毙敌 2000 多人，79 军也伤亡近千人。

强渡澧水

12月13日，第98师攻克临澧，王甲本率79军杀进澧县。

澧县是中国古代“四大传说”之一的《孟姜女》的流传地。那个千里寻夫、哭倒长城、负骨而归，死后成为家乡人民保护神的孟姜女的娘家据说就在澧县，她的家乡有一座“嘉山”，又叫“孟姜山”。

这是一个历史悠久、物产丰富、风景秀丽的小城。

士兵们听说是孟姜女的家乡，都有些兴奋。

有不少士兵年少时曾听父母讲述过孟姜女的故事，那些故事曾深深地感动过他们。

他们还记得小时候听大人们讲过民间流传的《孟姜女十里送夫》的歌谣。

想起年少时熟悉的歌谣，将士们有些兴奋，没想到会有机会来到孟姜女的故乡。

12月15日，第79军来到了澧水，此时的澧水因连续大雨，江水猛涨，浊浪滔天。

但是，战事紧急，王甲本命令：渡过澧水，打敌人一个措手不及。

于是找来了竹筏、木排，79军乘夜全师强渡澧水，配合第74军攻击日军。

炸毁了日军部署在新安附近的浮桥以及停泊在这一

带的船只。

王甲本指挥强攻，残敌大部分被歼灭。

79 军奋勇突进，冲断了敌人的部队。

79 军占领了澧水以南的广大地区。

此时，日军第 11 师团渡过澧水，避开新安、肖家岩原路，避开挡在正面的中国守军第 18 军匆匆逃窜。

王甲本 79 军已经渡过澧水，此时在澧水北岸并未布置有重兵。

王甲本军长率部再度越渡澧水，穷追不舍。

被追击的日军仓皇逃窜，溃不成军。

但因 79 军两度渡河消耗了太多时间，日军得以依傍洞庭湖，利用其水运能力将大部队运渡过江。

第10集团军的各部击退当面之敌后，分别抵达聂家河、仁和坪、赤溪坪、子良坪、煖水街、易家渡、龙口峪、范家咀一线，第29集团军抵达常德、临澧、金鸡山一线，第九战区各部队一部分留守常德，其余主力击破当面日军后到达新洲、渡口、安乡、南县一带。

12 月 19 日，日军终因补给困难，加上中国守军的追击，开始沿澧水一线全线撤退。

衡阳驰援方先觉

为突破敌人对衡阳的包围，重庆军委会急调部队从西、北向衡阳靠拢，与守城部队一起对日军进行夹击。

王甲本的79军作为奉调增援的部队到达衡阳西北……

千里驰援衡阳

日军8个师团及配属炮兵、装甲部队从1944年5月27日起，西从湖南南县、沅江，东从岳阳、崇阳、通山，以长沙、衡阳、桂林为目标发起大规模进攻。

5月27日，是日军择定的黄道吉日。40年前的1905年5月27日，日本海军在日本海打败过俄军的舰队，日本人便把5月27日定为日军的“海军节”。

日军把进攻长沙、衡阳、桂林一线的日子定在5月27日，意图讨个吉利。

衡阳属于第九战区，当发现敌军南进的企图后，重庆军事委员会紧急向这一地区调集部队，集中了4个集团军17个军52个步兵师以及其他直属部队。

第九战区司令长官薛岳凭着与日军三次在湖南交战的经验，按照过去三次长沙会战的部署，利用新墙河、汨罗江、捞刀河、浏阳河节节抵抗，消耗敌人。

5月25日开始连续两天，日军的战斗机轰炸了长沙的无线电台和军事设施。

5月27日拂晓，日军4个师团兵分三路开始入侵湖南。

左翼第3、13两个师团由白霓桥、崇阳乘夜向南进攻，南下直扑平江。

中路第68、116师团由西塘、小乔镇于深夜出动，分六路强渡新墙河。

右翼第40师团从华容、石首出动，在海军的配合下，进攻洞庭湖地区。

中国守军按原定作战方针，利用汨罗江南北的山地丘陵所筑成的阵地进行抵抗，另有机动部队防御。

中国守军与突过新墙河、渡过洞庭湖至沅江及进入东部山区的日军展开激战。

中国百姓按照安排，破坏公路、桥梁，埋藏粮食，在日军到达前，疏散民众。数以万计的中国百姓，有组织地炸毁了新墙河至捞刀河之间的公路、木桥、石桥，阻止日军机械化部队的迅猛突进。

5月30日，日军第13师团3个步兵联队分成左中右三路齐头并进。

沿途遭到了中国守军的层层抵抗。

日军第68师团沿湘江东西两岸，直逼衡阳。

王甲本奉命率79军由常德经湘乡、谷水、娄底，赶赴邵阳、廉桥一带，受第四方面军司令官王耀武节制，控制衡阳至宝庆的衡宝公路，策应衡阳前线友军作战。

1944年6月19日，长沙失陷。

长沙失守后，日军乘中国守军处于混乱，还没有形成新的防御体系的时候，迅速突进，意图占领衡阳。

日军第68师团、116师团到达株洲地区，第3、13师团位于浏阳以南及醴陵一带，阻击第九战区中国守军27、30集团军的出击，敌40师团占领益阳、宁乡之后，继续向南推进。

凄苦惨烈的47天衡阳保卫战从6月16日起拉开了序幕。

日军趁其占领长沙，中国守军尚处于混乱的间隙突进衡阳。准备围歼国民党军刚到达战场的增援部队和集结浏阳以南、醴陵地区之第27、30集团军主力。

当时的79军归王耀武总司令指挥。

6月20日，接到重庆军委会关于作战的电令：

“王耀武总司令，指挥第73、第79、第99、第100军及第4军残部，向湘江左岸之敌攻击，但以一部守备湘乡。”

当日军进攻衡阳的68师团、116师团沿湘江两岸前进，在横宽40多公里的区域并肩向南推进时，68师团遭到了中国守军的层层攻击和中美空军的攻击轰炸。

但是，日军的独立步兵大队很快于24日攻占了衡阳湘江以东的飞机场，迅速填平了机场上的炸坑。

日军的机群于28日在机场降落，准备对中国守军进行轰炸。

日军68师团主力迂回到衡阳以南约10公里的东洋渡，于25日晚西渡宽约500米的湘江。

在中国守军的激烈抵抗下，日军抛下了一批士兵的尸体，大部分渡过了湘江，到达衡阳城南2公里的黄沙岭。

日军的1个旅团、3个步兵大队、1个炮兵大队沿湘江以西的月塘冲、范家冲，经茶园铺、中路铺、茶思寺、衡山、店门、九渡铺、樟树下，渡过蒸水，到达衡阳的小西门处及体育场。

防守衡阳的第10军与日军展开了激战。

日116师团与68师团齐头并进，27日迂回至衡阳以西及西南郊区。

衡阳，这是一座紧临湘江西岸的临水城市，有着极为便利的水陆交通。

担任衡阳防守的是27集团军副总司令李玉堂指挥的第10、第62军，共8个师。

守城的军官有着较丰富的作战经验，大都毕业于有名的军事学校。

第10军在衡阳城北、城西、城南郊区利用有利地形与村落构筑坚固工事，在西向北较平坦地带布雷、设多层铁丝网，中道横式工事，这些工事群纵深300至400米，背后依托城墙。

南面丘陵山区构筑网状、交通沟式工事群和以钢筋水泥制成的顶盖和覆土的屯兵点、观察所及战斗工事，工事群的外围安装了铁丝网，设置了布雷区。

沿途遭到中国守军第2军层层抗击和中美空军轰炸的日军，伤亡巨大，然而其中的独立步兵大队于6月24日占领了湘江以东的机场，日军的飞机得以在机场降落。

此时，日军分多路向衡阳进攻，突破了层层阻击。

6月22日，日军第40师团占领了湘乡。

王甲本率79军千里驰援到达衡阳城西北约15公里的演坡桥、水东江、石桥一带，边战斗边前进，阻击敌人向衡阳前进。

抢占观音山高地

从各路向衡阳集中的日军抢修交通道路、机场，架设桥梁，在水陆交通线加强了警戒，同时增派了炮兵。

日军注意湘江水路运输的利用，开辟了两条水上运输线。一条是自岳阳向南经新墙镇、新市、福临铺至长沙，为“甲线”，另一条是崇阳通城、南江、平江、瓮江、金井、路口、春华山至长沙，称为“乙线”。

日军第40师团从湘江以西占领衡阳的金兰市、渣江，继续南下。

6月28日，日军2个师团发起了对衡阳的攻击。

担任守城任务的第10军依托工事抗击日军，并连续发起多次反冲锋，将日军2个师团的进攻击退。

阵地前堆满了日军的尸体和日军丢下的武器。

在进攻衡阳时，日军空军配合地面进攻，对中国守军进行了狂轰滥炸。

已初步成熟的中美空军支援了地面中国守军的守卫。

日军被迫改在夜间行动。

日军进攻衡阳的部队为15个步兵大队、12个炮兵大队、6个空军飞行战队和2个飞行中队。

日军飞行战队首先对衡阳周围中国守军的防御阵地进行了轰炸。

一时间衡阳城炮声隆隆，硝烟四起。

炮火攻击之后，开始了步兵的攻击前进。

敌116师团、133联队的进攻遭到了中国守军的猛烈还击，十天十夜的恶战仅前进了200米。日军133联队作为进攻衡阳的主力，损兵折将，2个大队长被击毙，一个大队长重伤，步兵中队长被击毙5名，死伤士兵更是不计其数。

此时，正值盛夏酷暑，连日连夜的作战使许多守军战士都病倒了。10天的惨烈战斗使日军的进攻不能奏效，久攻不克且伤亡惨重。

6月29日，王甲本率部抵达衡阳西北之演陂桥、水东江、石桥一带，边战斗边前进。

7月6日，日军40师团自湘江以西占领了金兰市、渣江，急速南下。

王甲本率79军配合62军、46军等友军连续作战。

7月14日，79军龚传文的194师已占据衡阳西北40公里的金兰市、元公寨、风波岭等地，敌军116师团2000余人由演陂桥窜犯西渡，与194师相遇，发生了激烈的战斗，日军死伤甚多。

王甲本奉命将进攻金兰的任务交第100军接替。之后，率部继续向衡阳攻击前进。

7月15日，敌军的一个联队到达衡阳西部的六凤寨。

7月18日，日军进至衡阳西部铁路沿线的白鹤铺。

日军下令停止进攻，就地休整。

7月20日开始，日军陆续向衡阳以西的进攻方向增派部队，准备发起对衡阳的第二次进攻，使中国守军陷于不利的态势。

为突破敌人对衡阳的包围，重庆军委会急调部队从西、北向衡阳靠拢，与守城部队一起对日军进行夹击。

王甲本的79军作为奉调增援的部队到达衡阳西北的

演陂桥一带。

奉调增援的还有第100、第5军都已到达指定地点。

23日，蒋介石向增援部队发出命令：

“衡阳外围之援军，应集中兵力首先突破日军在衡永公路上之虎形山及汽车西站之阵地，再扩张战果，以解衡阳之围。

第62军以一部监视衡阳以南之敌，主力在黄泥坳附近集中，突破敌虎形山及东南地区之阵地。

王甲本79军主力集中于贾里地区，攻击汽车东西站以西之敌军阵地和夹击敌人。

……

空军应集中力量，对虎形山及汽车西站之敌军阵地进行攻击、轰炸，以步、炮、空军相互协同作战，迅速突破敌军阵地。

……”

然而，蒋介石的电令被日军情报人员破译，日军调整了作战部署。

王甲本令所属各师对阵地构成及防御做了充分的准备。

王甲本79军在衡阳西部南北长约20公里处堵击敌人。

7月23日，98师在柿江桥与日寇相遇，在空军的支援下，该师毙敌数百人。

194师24日进入距衡阳南10公里之二圹，毙敌无数，迫使敌军向东南溃退。

新桥一线东窜之敌，在周家町、三圹之间又遭98师的阻截。

王甲本命令：

第一线作战部队仍牵制当面之敌，并从98师和194师抽调一部分精锐兵力组成一个加强营作为突击部队，由98师293团团长马登云统率，向衡阳西北角的日寇围攻部队突击。突击营攻城部队曾几次突入西北城区，遗憾的是守城部队已向市内收缩，城内外部队已无法会合，不能扩大战果。

在这次突击战中，团长马登云壮烈牺牲。

8月4日，敌军11军按照预定计划开始了对衡阳的第三次进攻。

日空军战队对衡阳实施轰炸。

在空军的配合下，步兵战队也开始了对衡阳的进攻，此时守城的为方先觉的第10军。当日军对衡阳发动第三次总攻时，在衡阳周围的中国守军各部队，奋力向衡阳突进以解守城的方先觉第10军之围。

在城西北的王甲本率领79军配合衡阳城西的第100军、城西南的62军，全力阻击日军40师团向衡阳西部及西南部的迂回进攻。

8月7日，这是日军进攻衡阳的战斗最为激烈的一天，守城的方先觉第10军已经孤立作战多日，最后仅靠空投物资来不断反击敌人。

8月7日晚，王甲本军长率部到达衡阳外围，夜晚带着他的作战参谋及随从钟旭、李印西、潘茂、黄士琦等进至衡阳城外西北角鸡窝山上，彻夜观察敌情。这时只见城内静悄悄的，一问才知道守军抵抗不力，城内已没有了枪声。

险恶的战况令他担忧，凭他多年的作战经验，他预感到：战场情况并不妙。

连日连夜不停的轮番炮击、进攻及飞机的轰炸，使得伤兵越来越多，日军多日的围困，使守卫衡阳的方先觉的第10军无力再坚持下去，就在援军将要到达，距他们只有15公里的时候，这个曾经在长沙会战、保卫常德立下赫赫战功，而在衡阳保卫战中已坚持血战47天的光荣集体，却在最后的关头放下了武器，停止了抵抗。

就在方先觉第10军4个师8月8日停止抵抗的第二天，国民党军队增援的机械化部队200师也到达了衡阳以西地区。

衡阳失守后，为防止敌军沿铁路西进，国民党军队在衡阳西面的洪桥（祁东县）一带，构筑防御线，37军位于衡阳南常宁一带，62军位于衡阳西南的茅洞桥，46军位于衡阳西。

王甲本79军位于新桥之蒸水两岸。

第100军位于永丰东南，74军位于宝庆。

第九战区命令：

王甲本79军配合第37、第62军以有力一部占领前进阵地，与敌保持接触；以主力于茅洞桥、新桥之线占领主阵地，并抽调一部分于鸡笼桥一带，积极调整部队与构筑预备阵地。

7月28日，王甲本下令所属部队全线向新桥、三圹附近1137高地、大雪山、观音山、真仙岭、龙头山等要地实施猛烈攻击。

清晨，天刚微亮，79军占领了新桥东南和观音山两处高地。

十时左右，敌军增援部队向北，即194师左翼之铜钱渡、杨梅岭进行侧击和包围，师长龚传文以“攻秦救赵”战法，迅速调兵击退铜钱渡之敌，以另一部由金雨井向水划山攻击。

194师师长龚传文，云南凤庆人，云南陆军讲武堂第16期毕业，与王甲本是同乡同学，他的“攻秦救赵”战法解除了敌军对我军侧背的威胁。

激烈的战斗自清晨一直进行到午后。

坚守杨梅岭的194师一部遭到敌军的猛烈围攻，守军伤亡巨大，杨梅岭失守。

敌军116师团3000余人，由头圹、杨梅岭继续向79军发动进攻。

日军第13师团也从耒阳赶来增援。

战况进入万分危急的状态。

王甲本镇定地指挥全军应战。

这是一次惨烈的战斗，一时间，刺刀相击，寒光相映，枪弹对射，鲜血四溅，喊声震天，喊杀声、刺刀的搏击声、炮弹炸响的声音混在一起。

勇士们在与敌人厮打着、拼杀着，有的抱作一团在战壕里翻滚。

黑沉沉的夜雾笼罩着，枪声渐渐稀落，扑上来的敌人丢下无数的尸体退了下去。

79军始终保持着治军严密、敢杀敢拼的强硬作风，是国民革命军中的一支劲旅。

日军凭借飞机大炮的火力，发动猛烈攻击。79军坚守两天两夜，日军屡攻屡挫，于是使用了毒瓦斯弹。

战况渐趋恶化。

王甲本毅然带领2位作战参谋亲临最前沿阵地指挥作战。

一时间，国民党军队官兵士气大振。

没有防毒面具的中国守军，只能用毛巾堵住口鼻继续战斗。

日军士兵一批冲上来，被打下去，另一批又冲上来，战至29日中午暂将敌击退。

两军相峙于板桥东西地区。

王甲本在衡阳城西鸡窝山彻夜指挥部队出击，及时调整作战部署，但日军兵力强大，加之衡阳守军无力配合解围部队，以致无法扩大战果。

1944年8月8日，衡阳城经过47天鏖战，终于还是被敌军攻占。

衡阳既陷，蒋介石命令衡阳外围西侧各部队迅速撤退至广西黄沙河一带布防。

衡阳至黄沙河300余里，如果全军迅速撤退，敌人将有可乘之机，当地居民生命财产将受到不可估计的损失。

王甲本决定集中所属各部于洪桥、黎家坪一带，拒敌前进。

王甲本奉命率79军奔袭300里，从衡阳外围西渡地区迅速向南转进，抵达湖南东安县冷水滩和红炉寺一线阻击日军。

将军血洒冷水滩

班超伏虎玉关外，
定远拓疆西域安。
滇军首义除国贼，
生父疾恶曾捣袁。
……
夺刀伤掌深到骨，
遍体鳞伤血斑斑。

肉搏阵亡

1944 年 8 月 8 日，衡阳城经过 47 天鏖战，终于还是被敌军攻占。

王甲本奉命率 79 军奔袭 300 里，从衡阳外围西渡地区迅速向南转进，抵达湖南东安县冷水滩和红炉寺一线阻击日军。

进入湖南，没有了那种平原上的一马平川，这里更多的是丘陵水洼、高山大湖，地形变得丰富而又富于变化。

湖南有如一片卷了边的树叶，海拔中部低，四周高，东部与江西交界有罗霄山，西部是武陵山和雪峰山，南部与广东交界的地方有南岭。

79 军此时在这一带防守的只有 2 个师的兵力，防线 50 里，怎么防？

王甲本知道，这是蒋委员长在为难他了。

调他到国防部任个闲职，不就是证明？

军人，应当战死沙场，临到大战时把他换了下来，是什么用意？他很是委屈。

最近那一沓沓向上递的状子起了作用。

他不想走，他宁可在军中做个什么职务也没有的普通士兵，也不愿意闲置着。他不愿意离开战场，离开这些生死与共的弟兄。

他知道，这一仗无论是胜是败，对他来说都是凶多吉少。

他想起了他的恩师，他的干爹范石生军长的下场。

让蒋委员长有偏见，那必定是凶多吉少了。

凭直觉，王甲本感到眼前的局势对他们79军而言，是不太妙。这种直觉，很像他读过的文艺创作中的创作灵感，往往是准确到位的。

在派系如林的军队中，他能有今天，他知足了，他没有给父母丢脸，没有给父老乡亲丢脸，这是他聊以自慰的。

自己还算条汉子。

想起这些，王甲本由衷地笑了。

一连串的小报告令蒋委员长对王甲本已缺少了往日的信任，或者说委员长已对他存有戒心。

怀疑他与共产党有联系，怀疑他已是共产党的人，他力救朱德，迎接陈毅出山，他送枪弹给罗炳辉将军，他的胞弟王甲纲在延安，他的手下据说有共产党的人……

当然，罗列这一系列的罪名，是他手下那些对他不满的人，还有他的上司，当这些状子呈到疑心很重，而且当年对于共产党"宁可错杀一千也不放过一个"的委员长面前之时，这实在是很严重的事情。他在委员长心中的形象微妙地改变着，这种改变在一天天加剧。

委员长的一纸"调国防部"的调令，对王甲本来说无异于革职，在他看来，军人就应该在战场上去建功立业，为国流血，离开战场，是他最感愤懑而又气愤的事。

心灰意冷的王甲本感到万分的沮丧，是不是自己当初就走错了路?

但他认定，当初的选择没有错，抗日的目标是一致的，他留在国民革命军中或许发挥的作用更大。

救国救民于水深火热之中，这是他终身不悔的人生信条，他始终如一地坚持着这个信条，并坚定不移地在这条道路上走着。

一种沧桑感袭上心头，世事多变，他有一种不祥的预感，他感觉要出事了。

大雨一天接一天地下个不停，泥泞的道路上，士兵们深一脚浅一脚地行进着，他们坚持着一个信念，那就是尽快赶到指定地点。

尽管越来越泥泞，战士们却不敢稍事歇息。

况且，在这旷野里也找不到歇息的地方。

一歇下来，很多士兵就会被冻坏，所以他们只能不停地行进着，长时间的行军让他们又饿又累。

秋风萧瑟，草木凋零，秋的凉意一阵阵向人袭来。王甲本将军的脸上有一种从未有过的肃杀和忧郁，也隐隐地看出一些疲惫。

此时，没有人能猜得透，他究竟在想些什么?

种种迹象表明：79 军不再是过去蒋介石多次嘉奖时的 79 军。

蒋介石已不再信任他，连同他率领的 79 军都在走下坡路。

深深的秋意笼罩着湘北大地。

日军11军在衡阳附近的各部队经过休息和整补后，以6个师团作为主力，加上1个旅团作为机动部队，于8月29日对中国守军开始了攻击。

日军发起进攻后不久，中国守军遵从命令从洪桥的湘桂铁路后撤。

8月31日，敌13师团兵分三路向洪桥方向进攻，遭到了中国守军的猛烈还击。

9月1日，日军沿湘桂线两侧向中国守军发动钳形攻势，日军11军令116师团从佘田桥向南，铁路以北向灵官殿、黄土铺、文明铺一线切断中国守军由洪桥向西的退路。王甲本79军奉命撤退至冷水滩一线布防堵击日军。

当日，日军13师团前进到茅洞桥时，遇到了正在后撤的王甲本79军98师的292团，双方展开了激战。

9月3日，日军116联队在进入洪桥前与王甲本79军龚传文的194师遭遇。王军长果断命令与日军激战，日军伤亡巨大，日军第三大队大队长渡边良雄被击毙。

伤亡惨重的日军退向东安铁路以西新宁一带山区，准备策应主力沿铁路向全州及零陵的攻击。

日军集中了多路部队相互策应配合，向前攻击前进。

9月6日，王甲本军长带着所属部队进驻东安西面的一个小村庄，收到了向敏思98师发来的293团已遵令向山口铺进军的电报，此时，194师龚传文所属各团仍在冷水滩一线堵击敌人。

9月7日拂晓，日军便衣部队向79军军部袭击，王甲本当机立断，决定军部立即向西转移，命令警卫营加强警戒，甘登俊副军长率其余各部依次出发，王甲本亲自率领手枪排在前面开路。

没想到，意外发生了。

他们和日军在山口铺迎头相撞，在晓色里双方展开了激战。

王甲本将军手下的作战参谋：钟旭。

王甲本这时才知道，向敏思98师的292团并没有到达山口铺，98师向他报告的情况是假的。

此时，上千日军围攻他们，与日军战斗的只有王军长和他的手枪排。

王甲本和他的手枪排的二十几名士兵与日军展开了惨烈的肉搏战。

枪声、刺刀相搏的撞击声混成一片。

最后归于沉寂。

清晨，当一切都归于平静的时候，当地的百姓才发现昨夜激战的是79军军长率领的手枪排和日军上千人交火。

这是一片空旷的地带，方圆几里全是农田，农田中有一条当中穿过的小溪，小溪上有一座供路人避雨的小木亭，人称“玉琪亭”。亭子的右侧是一处土坎，土坎下面是一蓬长得很旺的刺蓬。

来到亭中，只见亭子周围横七竖八地躺着成片的日军尸体，亭子的旁边有几个将军卫士的遗体整整齐齐地伏在地上，每个人的身上都中了无数枪弹，背上还有深深的刺刀口。

往亭中走，可以看见几个处长、副官们的遗体躺在那，身上有枪伤、刀伤，也有肉搏的痕迹。有一位面容很英俊的课长被日军劈了长长的一刀，已经咽气了，但还睁着大大的双眼，这是王甲本最器重的参谋。

再看他们的王军长，他仰着身子，身体靠着亭柱和亭栏杆的倚角，坐在亭子的长凳上，面向右倾斜，面部、头部、颈部被戳了两刀，留着深深的创口，右边的面孔被砍了一刀，两道剑眉紧拧在一起，面部肌肉不规则地扭曲着，眼睛半睁着，上牙深陷于下齿的肌肉；手掌和手指全是血糊，拉开他血肉模糊的双手，是变黑的血肉和白色的指骨；胸间、腹部都被刺刀捅开，人们判断他是赤手空拳与敌人肉搏。

在距王军长不远的山坡上，是随从副官吴镇科的遗体，他是云南新平人，身中数弹，脸上、手上同样有刺刀刺过留下的血痕，头部、颈部、胸部被砍伤，手臂被砍断。

当 79 军军部的人赶到时，看到他们热爱的军长躺在血泊中，还有手枪排二十几位生死与共的弟兄。

清晨阴冷的山风卷过原野，烈士们的遗体被鲜血染红了，他们是一个光荣的集体，“为祖国而战，他们生死与共！”

当地的村民们拿来了家中仅有的破棉被，有的拿来了仅有的几件旧衣服盖在烈士的遗体上。

79军的将士们走进村里，打听情况，这里离唐家祠堂很近，村里几个尚有余悸的老乡说：“在这里拼刺刀的是位军长和他的手枪排，围攻他们的日军好多，有上千人，我们藏在楼上，看见他们打得好厉害呀！”

这时，天色已晚，将士们怕山口铺再来日军，于是叫老乡做了一个简易担架，将王军长和吴副官的遗体抬到祠堂，叫他们代为看护。

当年王甲本的部下，他的表弟，作战参谋钟旭在许多年后回忆道：

> 九月七日拂晓，那是农历七月二十一日，敌人的便衣队向军队周围袭击。王军长当机立断，命令警卫营加强戒备，其他各部队即行准备出发。王军长历来动作迅速，英勇惊人，他带着手枪排先行出发。我们大部队稍迟半个多小时，在副军长甘登俊的带领下，像以往一样的行军秩序向西转移。行军不到两个小时，听到前面有枪声，越打越紧，我们沿着山路向北移动，直到午后，没有追到王军长。经与甘副军长商量决定暂时停下休整。笔者和潘茂带了几个便衣侦察兵，下山

向山口铺搜索，前去找王军长，到山口铺街上，寂静无声，满街是衣物、杂货、药材，遍地狼藉。好不容易才找到了一个老乡，他说：昨夜这里住的是日本鬼子，上午在山坡上打了一仗，中午又过了好多的日本鬼子。这时我们才恍然大悟，原来98师王单如团长率领的292团昨晚并未占住山口铺。我们又沿着石板路向东行，走了不到三里路，发现我军手枪排士兵的几具尸体，再走近一看，简直不敢相信，路上躺着的就是我们要寻找的敬爱的王军长的遗体。他仰着身子，面向右倾斜，我们立时情不自禁地悲痛欲绝，个个流泪，崇敬愧恨的心情交织在一起。再详细检查一下，王军长的双手掌上和手指全是血糊，均有刀的伤痕。我们判断是他赤手空拳与日寇肉搏，面部、头部被戳了两刀，右边面孔被砍了一刀，胸部中了几弹，也有刀伤。距王公六米的山坡上，是随从副官吴镇科的尸体，身上也中了几弹，脸部手上同样有刺刀的血痕。此情此景，充分说明王将军和吴镇科是浴血奋战而壮烈牺牲的。

这里距唐家祠堂较近，我们走进村口，发现两位尚有余悸的老乡，我们说明来意后，我们才知道上午在这里与日本鬼子拼刺刀的是位军长和他的手枪排。这时，天色已近黄昏，我们怕山口铺又为日军所占，特请老乡用竹竿绑了个简易的担架，将王军长和吴副官的遗体抬到祠堂，并请他们暂时代为守护，两位老乡欣然答应。

我们匆匆地辞别王公遗体，快速地追上部队，时已夜晚九时余，向甘副军长汇报了以上情况，闻者无不悲痛义愤，都从内心里称颂“伟大伟大！英雄英雄！”经长久的沉默哀悼后，决定派上尉副官李占庭全权负责安葬事宜，并给他一笔钱，请他长期守护坟墓。全军以悲痛的心情告别了王公，缓缓地行军，默默地诉说着：“我们一定要化悲痛为力量，为你报仇，安息吧！王军长！”

一张带血的名片

1944年12月，战士易大明、鲁孝怀、刘离照含着眼泪整理王甲本军长的遗物：

从他的身上找到一张带血的名片。

他的遗物全部装在几个大大的篾箱和一个有些破旧的皮箱中，篾箱中是他的几箱书。

这些书是他视为珍宝的，他常常在战斗的间隙卷不离手。

他们对这些书籍作了造册登记，一共有750册。还有吴镇科副官的遗物，一齐交由王甲本的医官兼秘书唐凤翥接管。

除了书籍就只剩下两套军服，一些小刀、毛笔、墨水之类，一张带血的名片和3块现大洋。

整理好这些遗物，战士们悲痛万分，他们的王军长，在他们的心中是“常胜将军”，多少次血战，他立下赫赫战功，却在这么一次与日军的遭遇中壮烈牺牲，他们没有保护好他们的军长，他们万分地痛心。

他们的王军长就这么走了，走得那么匆忙，他研读的那些救国救民的理论还没有派上用场，他们为他感到遗憾，将军才43岁，正值风华正茂的年龄，王军长爱兵如子，待他们有如父亲有如兄弟，他们舍不得他走啊！

他们为他们的将军叹息：在国民党军队中，将领们的腐败贪钱，他们早有耳闻，而他们的王军长身后却身无分文，除了这几箱书，3块现大洋，没有一样值钱的东西。

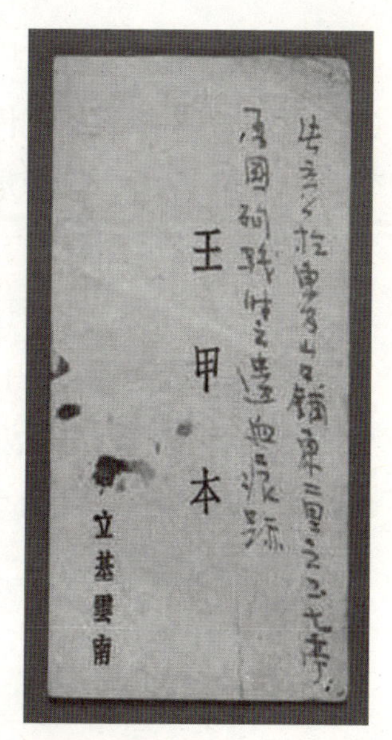

王甲本将军牺牲时，在他身上找到的一张带血的名片。

从1937年开始，一直在王甲本手下的79军一位资深的军部人事课长瞿世珍深情地说：“王军长廉、正、勇，那是国军中唯一见到过的高级将领。”

士兵们为他们热爱的军长感到惋惜。

王军长是一个非常喜爱读书的人，战时离不开电话机和地图，平时他离不开书。李印西曾经借给军长他的《大众哲学》，还有

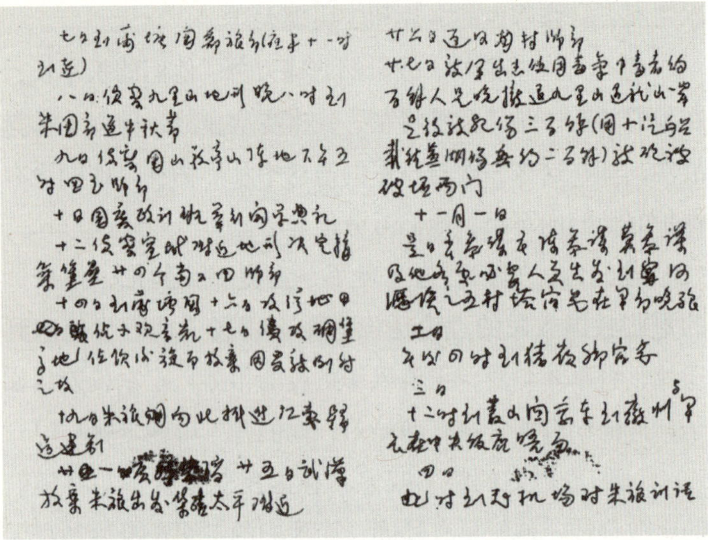

王甲本将军作战日记手迹

《思想方法论》《费尔巴哈论》……这些在当时国民党军队中都是一些禁阅的宣传共产主义思想的读物，这些书李印西一直保存着，作为永久的纪念。

王军长曾经跟他们说过，等战争结束了，他要带他们去建设大西北。然而这个愿望却永远也不可能实现了。

李印西想起，他们的王军长曾在一次与他们闲谈中问过他：“小李子，抗战胜利后干什么？”

李印西说：“去办学校。”

王军长笑着说：“抗战胜利后，随我到大西北去，开发西北吧！”

当年一位叫唐仿寅的先生（云南鹤庆人，曾担任全国政协常委）为王甲本将军的壮烈牺牲而日不思食，夜不

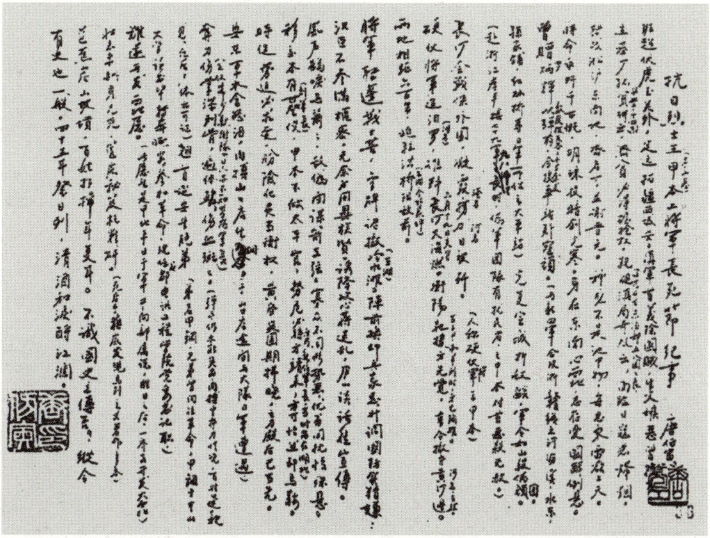
抗日烈士王甲本上将军长死节纪事
唐仿寅

唐仿寅先生所撰《抗日烈士王甲本上将军长死节纪事》手稿

成寐，夜半披衣遥望星辰，悲痛不已，提笔写下了《抗日烈士王甲本上将军长死节纪事》。

这是一首长达62行的长诗，以无比的慨叹叙述了王甲本将军戎马生涯、志怀壮烈的一生：

班超伏虎玉关外，
定远拓疆西域安。
滇军首义除国贼，
生父疾恶曾捣袁。
立基少孤贫讲武，
济贫必得握枪权。
亲觇滇局奇风云，

面临日寇恶烽烟。
转战淞沪东南地，
奇名可并谢晋元。
神龙不是池中物，
每思乘雷欲上天。
时命乖舛千古慨，
明珠投暗剑光寒。
身在东南心西北，
志存爱国解倒悬。
曾赠炳辉以弹药，
合攻车站歼寇顽，
光复宣城折敌锬，
军令如山杀伪团。
长沙会战保外围，
凝霞捞刀日被歼。
硬战将军追汨罗，
谁料长沙火海燃。
衡阳驰援方先觉，
军令撤守黄沙边。
两地相距六百里，
迫驻洪桥阻敌前。
将军转蓬战士苦，
金牌诏撤冷水滩。
阵前换帅兵家忌，

升调国防实猜疑。
汉臣不参满柜密，
无耐方用异族贤。
诱降攻心蒋迷乱，
庐山谈话徒宣传。
风声鹤泪马啸啸，
敌伪间谍箭在弦。
寡众不同形势恶，
优劣同抚情殊悬。
移交本有甘登俊，
甲本不做太平官。
势危必待方靖来，
方可怡然卸马鞍。
时促势迫必求变，
盼险化夷当衡权。
黄昏突围期拂晓，
主力殿后己当先。
东安草木含悲泪，
肉搏山口店生烟。
夺刀伤掌深到骨，
遍体鳞伤血斑斑。

当写到这里的时候，泪水止不住滴落到那纤纤白纸之上，滴在刚写下的墨迹上。

他禁不住为王将军的壮烈牺牲扼腕长叹，有哪位将军有如王甲本将军这般壮烈。止不住的泪水潸然而下，一种悲愤的情绪在他的心中涌起，他再次提起了笔：

翘首延安望胞弟，
难遂开发西北愿。
壮志未酬身先死，
箧底密笈枉精研。
芭蕉山后山坡坟，
百姓护扫年复年。
不识国史立传否？
纵令有史也一般。
四十五年祭日到，
清酒和泪酹江澜。

写到这里，唐仿寅先生在沉沉的夜色中已经泣不成声了。

当时，全国各大报纸都刊载了王甲本将军壮烈殉国的消息。《新华日报》《重庆日报》《四川日报》《贵阳日报》《云南日报》都刊登了有关王甲本将军事迹的报道《他壮烈牺牲在同敌寇的拼死肉搏中》。

中华民国三十六年（1947）六月十七日，当时的云南省政府召开会议专题讨论盛恩沛参议员提出的关于为王甲本将军举行公葬的事宜。据云南省政府委员会第1006

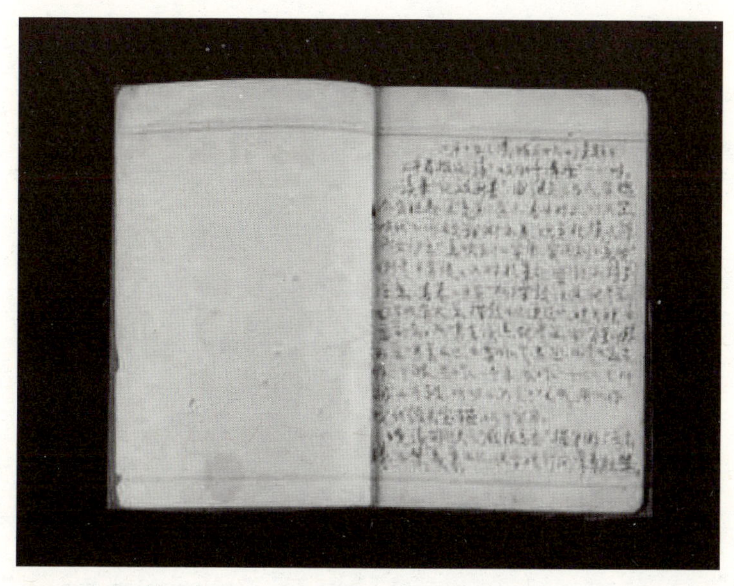

王甲本将军作战日记

次会议记录中可查到关于这次会议详情的记载，这是一次由省政府主席卢汉主持的会议，有这样的记载：

“准省参议会咨：为盛参议员恩沛提议，转请公葬，抗战殉国第79军前军长王甲本，是否可行？请公决案。

“决议：王故军长甲本，为国捐躯，应即公葬，以资矜式，又滇省抗战殉国将领，尚有唐淮源、寸性奇两将军，应并同此案办理。俟其家属运柩回滇时举行，咨复查照。”

王甲本将军与敌肉搏阵亡的消息披露后，举国震动。

民国三十三年（1944）11月7日，国民党中央发布“追晋王甲本陆军上将”令。

11月8日，国民党《中央日报》第二版刊登发布了“追晋陆军上将”令的消息。

在王甲本的家乡平彝县，当群众闻知王甲本壮烈殉国的消息后都沉浸在万分的悲痛之中。

今天，翻开《富源县志》，清清楚楚地记载着：

“1944年，为纪念抗日战争中壮烈殉国的国民革命军七十九军军长王甲本（字立基），将富源县中安镇更名为立基镇……”

“1946年，为纪念抗日战争中壮烈牺牲的王甲本（字立基）军长，富源县创建立基小学。”

在南岳衡山的忠烈祠，蒋中正题词的忠烈堂中，有国内唯一的抗日将士总神位，有“七七”卢沟桥事变纪念碑，在这个纪念抗日阵亡将士的大型陵园中，有王甲本将

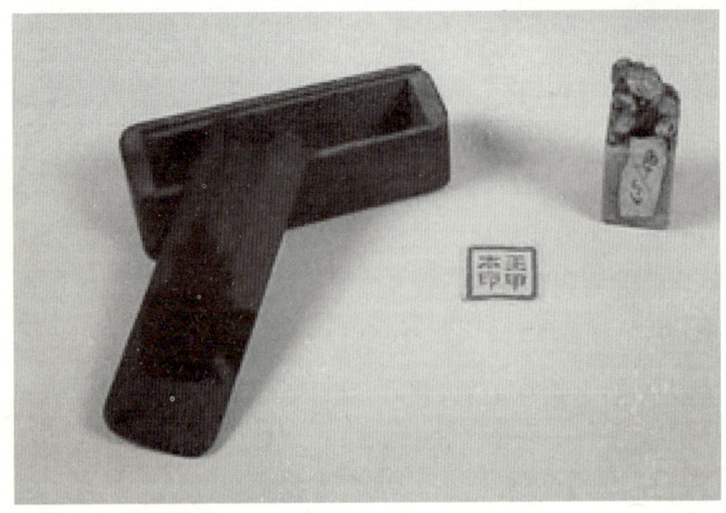

王甲本将军印

军的事迹介绍。

将军的威武风采，正气凛然的照片，关于他的事迹的简短介绍散见于全国的各大报刊，抑或在博物馆、展览馆里。他的巨幅照片定格在了报纸书刊，永远挂在了博物馆、展览馆，他注视着人们，脸上流露出淡淡的、永恒的笑意……

王甲本将军被誉为“抗日名将”“民族英雄”……

副官吴镇科：不求同生，但求同死

王甲本将军的随从副官吴镇科，字进举，云南省新平县桂山镇人，生于1916年，毕业于黄埔军校云南分校15期，先后参加过抗击日寇的鄂西会战、三次长沙会战、常德会战、衡阳战役，历任98师3团1营机枪连准尉、少尉，师部中尉副官，新编第10师分站长，79军军部少校副官。

1944年9月7日，日军袭击79军军部，王甲本军长率部转移，他亲率手枪排在前面开路。拂晓，当到达山口铺时与日军遭遇，展开激战，王甲本军长腿部中弹，副官吴镇科将皮带解下来绑住军长的腿，背起军长撤到玉琪亭旁，更多的日军蜂拥而来，王甲本和副官与敌人展开肉搏，终因寡不敌众，王甲本和副官倒在血泊中。

吴镇科壮烈牺牲时年仅28岁，牺牲后与王甲本将军的遗体同穴共茔。

1944年10月20日，79军新任军长方靖写信给远在云南新平县桂山镇的吴镇科的父亲，告诉他吴镇科壮烈牺牲的消息，并随信寄去了“抗日阵亡将士证明书”“荣哀状”“飞鹰旗”。1986年12月5日，云南省人民政府追认吴镇科为“革命烈士”。

王甲本将军塑像

1945年4月29日，国民政府军事委员会抚恤委员会谕字第43196号文，核准发给吴镇科家属抚恤金5000元。

吴镇科的父亲听到儿子牺牲的消息后万分悲痛，致函国民政府军事委员会将抚恤金5000元全部捐给国家作为抗日救国军费。

这位父亲的爱国热忱感动了全军上下，蒋介石亲笔题赠“教忠立义”巨幅匾额；云南省政府主席卢汉题赠“义行可风”匾额一方；吴镇科家乡云南新平县县长周怀植题赠对联一副：

“护主帅而归天忠昭湘水，捐恤金以救国义满滇池。”

当地名士、前清举人马太元题：“忠义可风”“移孝作忠光增云史，捐躯为国名震湘江”楹联。

新平中学校长、前清拔贡周镇歧感慨地在吴镇科烈士的遗像上题诗一首：

镇科进举，吾党之英。
日寇进犯，投笔从军。
离别故土，告辞双亲。
保国卫民，猛杀日军。
忠勇顾将，义建功勋。
壮烈殉国，万古长青。

在一个阳光灿烂的日子，新平县县长周怀植亲率乡绅吹奏洞经音乐，将名人们题赠的匾额、楹联亲自送到烈士吴镇科家门庭悬挂，表达全县人民对这对父子的崇敬。

时至今日，王甲本将军的遗体仍然留在湖南省东安县井头圩芭蕉村的后山坡上，他生前的唯一愿望就是想回他的家乡去看一看，然而他却永远留在了湖南，留在了他浴血奋战的地方，留在了远离他的家乡千万里的芭蕉村。只有随从副官吴镇科与他相伴。

每年清明节，附近前来凭吊的乡民络绎不绝。

他们没有忘记，在这里躺着一位叱咤风云的将军和他那个光荣的集体。

一个士兵长跪在将军的墓前，他要留下来，为将军守墓

1944年9月7日，时年43岁的国民革命军79军军长王甲本壮烈殉国。

全军上下无不悲痛义愤，将军有无数种理由，无数种办法可以选择生，而他却壮烈地牺牲了。

79军到达武冈县，全军召开了王甲本军长追悼会，朱德派人送来了挽联。王甲本，这个当年在云南陆军讲武堂时他的同窗好友王国栋的长子的英雄壮举，令朱德感慨万千。

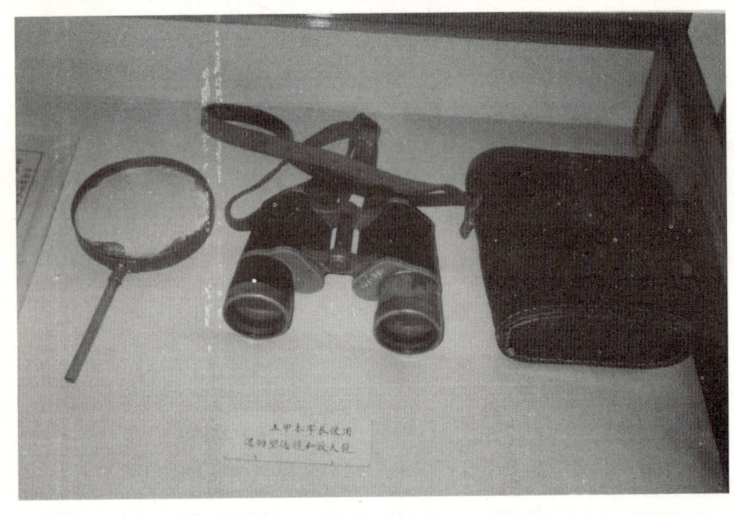

中国军事博物馆展出的王甲本将军遗物

层层叠叠的花圈摆满了追悼会的会场。

朱德派人送来了花圈，挽联上这样写道：

东安县里悲霞日，
玉雾亭边混共天。
横批：抗日民族英雄王甲本

还有国民党各部送来的挽联，其中有 79 军各团以及当地群众送来的花圈和挽联。

292 团、293 团送来的挽联：

三十年来为国家，
革命精神志无他。
西南百战英风起，
马革裹尸卷日沙。

追悼会上，国民党军队将士们哽咽着、呜咽着，王甲本平日里对战士们的好，大家历历在目，大家都感叹地说：

“王军长是真正的抗日英雄。”

在他们的心中，王军长是一条好汉。

追悼会上一片悲泣之声。

当甘登俊副军长主持召开追悼会，并为王甲本致悼词时，官兵们都泣不成声了。

这是一个无比隆重的追悼会，79 军全体将士参加了追悼会，还有当地自发前来的群众上千人。

有的群众为王甲本将军送上了自山间采来的小野花。

追悼会在沉痛的悲泣中进行，天空下起了纷纷扬扬的雨，那仿佛就是千千万万人心中飘洒着的悲痛的泪滴。

王军长和吴副官的遗体合葬在湖南东安县山口铺乡芭蕉村张家冲的山坡上。

全军以极其悲痛的心情告别了王甲本，缓缓地行军、默默地诉说："安息吧，王军长，我们一定会为你报仇！"

79 军带着对将军的崇敬开赴战斗前沿。

一个战士长跪在将军的墓前，如雨的泪滴浸湿了坟前的新土。

革命烈士证明书

王甲本同志在抗日战争中壮烈牺牲，经批准为革命烈士，特发此证，以资褒扬。

中华人民共和国民政部

一九八五年 十月 十八日

王甲本将军革命烈士证明

他没有忘记，是军长在他生病行军困难时，翻身下马扶起他硬要让他坐上自己的坐骑，而将军却徒步走在山道的泥泞里，当时的他止不住的泪滴滴落在栗色的马背上。

他要留下来，为将军守墓。

他就是上尉连长李占庭，云南人。

他自愿留下来陪伴他的军长，这是他一生最敬重的人，情同父母的人。他要用自己的行动，证明自己对将军的深深情意。

全军将士被他的举动深深感动、震撼，同意了他的请求。

于是，他朝向云南的方向深深地跪叩：

“母亲，儿子不孝，不能回家孝敬您……”

他就这样留下来了，无怨无悔地留在了距他的家乡几千里以外的湖南，在这里生活了几十年，陪伴着这一座“将军坟”。

几十年了，当坟上的茅草枯了又荣，荣了又枯，他依然陪伴着将军，守望着他们一同走过的那段风风雨雨的战斗历程。至今，他的子孙们依然守护着“将军坟”。

守护“将军坟”成为他们全家人生命的全部意义。

他交代他的家人，他老了，去世的时候，要把他葬在将军的墓旁，长眠地下，他仍要和将军做伴。

他与将军的故事感动了芭蕉村的老老少少，每到清明，就会有人悄悄地为将军和他的副官扫墓。

由于当时将军的墓埋葬得很浅，山洪暴发的时候，墓地被水冲刷，曾露出棺木，当地老百姓刘理谷、刘理明、刘本世等垒土夯实，清理周围水沟，经历了60年的风雨，至今依然保存完好。

为将军守墓的人越来越多。

时至今日，人们依然没法想象，当年的李占庭，这位极普通的上尉副官，是在怎样的深情驱使下让他做出了那个重要的决定：留在将军的身边，一留就是60年，这是一段怎样深挚的情意！

参考书目

1. 高军：《血在烧——中日长沙四次会战纪实》，湖南文艺出版社 1993 年版。

2. 王辅：《日军侵华战争》，辽宁人民出版社 1990 年版。

3. 任光椿：《火城——长沙会战纪实》，团结出版社 1995 年版。

4. 青木：《中国元帅朱德》，中共党校出版社 1995 年版。

5. 张晓然：《八千男儿血》，湖南人民出版社 1993 年版。

6. 雷献和：《剑啸浦江——淞沪抗战纪实》，团结出版社 1995 年版。

7. 谢本书、李成森：《民国元老李根源》，云南教育出版社 1999 年版。

8. 陈立人：《孤独八百士》，团结出版社 1995 年版。

9. 曹剑波：《国民党军史》（上、下），解放军出版社 2004 年版。

10. 胡兰畦：《胡兰畦回忆录（1936—1949）》，四川人民出版社 1987 年版。

11. 贺新诚主编：《血肉长城——中国抗日战争著名战役纪实》，世界知识出版社 1995 年版。

12. 昆明市政协文史委主编：《昆明文史资料》第 6 辑，1986 年版。

13. 长沙县政协文史委主编：《长沙县文史资料》第 4 辑，1987 年版。

14. 长沙县政协文史委主编：《长沙县文史资料》第 5 辑，1987 年版。

15. 中共云南省委党史研究主编：《抗战纪实——抗日老战士征文选》，云南人民出版社 1996 年版。

16. 袁伟、张卓主编：《中国军校发展史》，国防大学出版社 2001 年版。

17. 刘琦等编：《八一三淞沪抗战——原国民党将领抗日战争亲历记》，中国文史出版社 1987 年版。

18. 马齐彬等主编：《中国抗日阵亡将士传》，河北人民出版社 1987 年版。

19. 中共富源县委史志工作委员会编：《富源县志》，上海古籍出版社 1993 年版。

20. 文思主编：《我所知道的陈诚》，中国文史出版社 2004 年版。